百德旺建筑科技

意大利西西里岛高速公路隧道世界最大直径15.08米土压平衡盾构机

香港莲塘公路隧道工程直径14.10土压平衡盾构机

世界首创全断面矩形煤巷高效掘进机

世界首台[illegible]煤业集团煤巷掘进机

中国首条广深港铁路海底隧道工程

前　言

近年来，随着我国城市轨道交通建设和地下空间开发及穿越江河湖海隧道工程的快速发展，盾构法施工得到越来越广泛的应用。由盾构机制造与再制造，盾构工程设计、施工及监理、盾构技术服务等产业的有机链接，已经在我国形成了一个庞大的跨学科、跨专业、跨行业的新型行业——盾构工程行业。现在我国无论在盾构设备制造的数量还是盾构施工的工程量都已名列世界首位，成为国际上公认的盾构大国。盾构工程配套产品企业也随之如火如荼的迅速发展，这一点从即将出版的《中国盾构工程产品企业名录》书中，就可以体会到。

但是，作为一个近几年快速发展起来的新型行业，也出现了很多亟须解决的安全、质量、标准等方面的新问题。如果这些问题不能尽快解决，会制约我国从盾构大国发展成为盾构强国，也会影响盾构工程行业的健康发展。

要把我国建设成盾构强国，把盾构工程产品做优做强，就要深入推进供给侧改革。这就是要发展壮大新动能，把新兴的盾构产业做大做强；要在加快制造强国建设中带头创建盾构产业示范区，全面提升质量，与国际水平对标；还要在标准化、环保化、创新结构、升级换代、信息化融合、“互联网＋”等方面加大投入与产出。

从本书中可以看出，中国盾构行业的发展和进步，是国有企业、民营企业、外资企业共同努力的结果，也是国家“两个毫不动摇”政策在行业中的具体体现。本书也是盾构行业内一个整体面貌展示、企业产品介绍、信息沟通渠道的工具，是北京盾构工程协会为行业服务做的一件实事。

我们希望盾构产业健康、快速发展。零部件企业为主机企业和盾构用户提供更丰富的优质产品，整机制造与再制造企业为用户提供优质、高效、安全产品，盾构施工企业为社会生产更多的优质、安全、环保的隧道产品。

本书共分六大类51小项，入编企业近500家。信息通过自行申请与各企业推荐相结合的方式取得，因此难免会出现错漏等不足之处，请读者批评指正。

本书在编写过程中，得到了业内诸多知名企业、专家的支持和帮助，在此一并表示感谢。

吴煊鹏

2018 年 4 月

万里长江第一隧中国首条公路隧道工程

国内首条盾构法城市地下综合管廊工程

中铁装备 CREG

专业制造 专业服务

GROUP INTRODUCTION

集团概况

近500多名设计研发人员、四大设计研究院（设计研究总院、地下空间设计研究院、专用设备研究院、智能设计研究院）为您提供专业技术支持

为您提供**全产业价值链**服务

18大 制造基地

9大 服务中心

4大 海外营销服务中心

产品应用于**超过50多个**城市，远销马来西亚、新加坡、以色列、黎巴嫩、越南等12个国家

近1000公里施工业绩为您提供适应性解决方案

四大产业门类

隧道掘进机

隧道专用设备

地下空间开发

建筑钢结构

世界500强企业

PRODUCT DISPLAY

产品展示

敞开式TBM

单护盾TBM

双护盾TBM

土压平衡盾构机

泥水平衡盾构机

马蹄形盾构机

矩形盾构机

U型盾构机

硬岩泥水顶管机

中国中铁

中铁工程装备集团有限公司

CHINA RAILWAY ENGINEERING EQUIPMENT GROUP CO., LTD.

地址：河南省郑州市经济技术开发区第六大街99号

网址：www.crectbm.com 电话：0371-60608808

矿用隧道掘进机产品系列

中国首台应用于平硐的全断面隧道掘进机
-涝坝湾工程Φ6460mm

中国首台单护盾斜井岩石隧道掘进机（TBM）
-神东补连塔2#辅运平硐φ7635mm

世界首台长距离大坡度双模式斜井岩石隧道掘进机（TBM）
-神华新街台格庙矿区试验斜井φ7620mm

市政管道工程施工装备产品系列

中国首台出口海外应用于排污隧道的
小直径盾构机φ3785mm

国产首台微型盾构机
-武汉电缆管廊建设工程

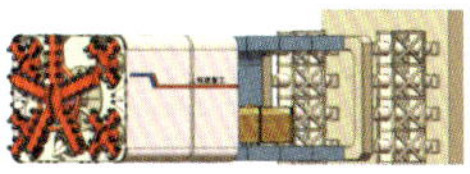

管廊矩形盾构机

国产首台小曲线长距离硬岩顶管机
-深圳市滨河大道污水干管工程

铁建重工创新驱动隧道掘进装备产业化
高端地下工程装备崛起新高地

国产大直径岩石隧道掘进机（TBM）在吉林引松供水工程总干线隧洞1#区间连续掘进15.7km并提前15个月贯通、国产小直径敞开式TBM在鄂北地区水资源配置工程创造了月进尺864米的好业绩、新疆某引水工程投入的首台敞开式TBM试掘进期间以月进尺1280m刷新了业内新纪录……近期，由铁建重工自主研制的隧道掘进装备产品捷报频传，而这种盛况在10年前无法想象。

多年来，铁建重工依托城市地铁、城际铁路、高速铁路、矿山水利等领域的国家重大隧道工程，大胆自主创新，突破了盾构装备总体设计、大型机电液复杂系统集成、隧道复杂地质条件下的装备适应性、掘进姿态综合控制等核心技术，相继研制出土压平衡盾构机、泥水平衡盾构机、全断面硬岩掘进机等系列产品，推动国产掘进装备研制及产业化产生质的变化。

自2010年自主研制的国产6米直径复合式土压平衡盾构机下线以来，铁建重工盾构机研制核心技术不断巩固，技术创新能力不断提升，包括常压更换刀具、电液混合驱动、开挖仓机器人作业、刀具连续在线检测等前沿性技术陆续取得研究成果并得到工程应用。

时至今日，铁建重工已形成7大系列、50多个规格掘进机系列产品，累计研制掘进机产品数量超过500台套，产品广泛运用在地铁、铁路、公路、市政、矿山、石油等隧道工程，并出口至俄罗斯、土耳其等国家和地区。

在国家重大课题攻关领域，铁建重工依托承担的国家“863”计划《大直径硬岩隧道掘进装备（TBM）关键技术研究及应用》、国家科技支撑计划《盾构法建设煤矿长距离斜井关键技术研究与示范》等重大课题，相继研制出全球首台长距离大坡度煤矿斜井TBM和国产首台大直径敞开式TBM，在工程中成功应用并实现产业化；相关科技成果作为行业代表参加国家十二五重大科技成果展，接受党和国家领导人检阅。

项目实施初期，国产TBM产业还是一片空白，通过5年的产学研协同创新和技术攻关，铁建重工带领国产TBM产业实现从无到有、从大到强的跨越式发展。

目前，铁建重工以引领之势，将国产掘进机多项关键核心技术提升到世界领先水平，培育的国产掘进机产业规模达到100亿元以上，带动国内上下游配套产值超过20亿元，彻底结束了国外掘进机品牌对我国市场长达近30年的垄断，成功打造了全球知名的铁建重工品牌。

十三五期间，铁建重工将通过集聚行业优势资源、强化颠覆性前沿技术研究、牵头国家重大科研课题攻关、服务国家战略性工程建设等手段，推动国产高端地下工程装备引领全球技术和产业变革。

工程船舶

公司成功率先研发的国内重型双处理机深层搅拌船（DCM），打破国外技术垄断。该船在国际上首次采用重型双处理机配置，将作业效率提升一倍。深层搅拌船（DCM）运用于建造海上机场、海上地基处理，具有工期短、绿色环保、施工质量可靠等优点。

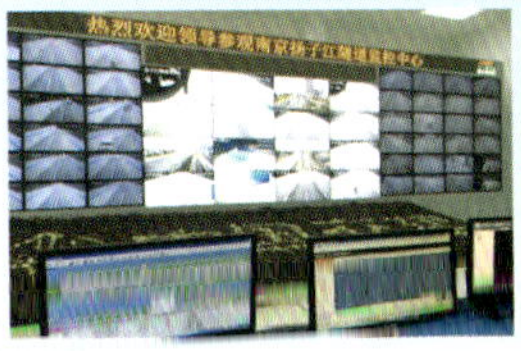

交通工程管养

中交天和南京分公司，承揽市政道路、公路、地下通道工程的管理养护业务。以南京扬子江隧道（纬三路过江通道）管理养护工程为依托，公司配备清扫车、登高作业车、侧墙清扫车等一系列管理养护所需的专业设备，拥有一支具备丰富理论和实战经验的高素质管养队伍。

基建工程施工

中交天和南京分公司承接市政道路、地铁、公路、机场等基建施工业务。公司先后完成南京纬三路过江通道工程施工，南昌、上海、珠海等地铁隧道工程施工及大型公路隧道施工。可承揽施工总承包业务，也可单独承揽单项业务。

让世界更畅通　让城市更宜居　让生活更美好

>>> 产品介绍

土压盾构机 Earth Pressure Balance (EPB) TBM

●**稳定的掘削面**

使土舱内充满掘削后的土，再注入添加剂使掘削面保持稳定。

土压盾构机针对透水系数大的土质情况对添加剂进行不断改良，发展成既具备速度又具备动力的大口径机型。

●**进化的延续**

在土压盾构机的优良性能上，针对复杂地层，开发了高效率掘削的双模式盾构机，用于地铁工程，实现了月进度600米以上的高速掘进。

泥水盾构机 Slurry Shield TBM

●**稳定的掘削面**

用高比重、高粘度的泥水对掘削面进行加压控制的方法，在高水压的情况下也能保持掘削面的稳定。

●**超大口径掘进**

通过周边支撑、中间支撑型构造实现了宽广的机内空间，从小口径发展到超过 14 米的超大口径。

硬岩盾构机 Hard Rock TBM

●**适应于地质的刀盘形状**

根据砾石的量、口径大小、强度和岩石的特性等条件可以选择平坦型或是半圆型的刀盘。

●**在前面破碎、还是吞入**

刀盘开口槽的形状有在刀盘前面将砾石破碎后吞入土舱方式的前面破碎型，也有尽可能的将大砾石吞进土舱的吞入型。

●**滚刀的选定**

在硬岩层中采用了在 TBM 上有丰富使用业绩的滚刀。在沙砾层中为了延长刀盘的寿命，采用了内置超硬刀片的滚刀，这些滚刀能在土舱内部便捷地进行更换。

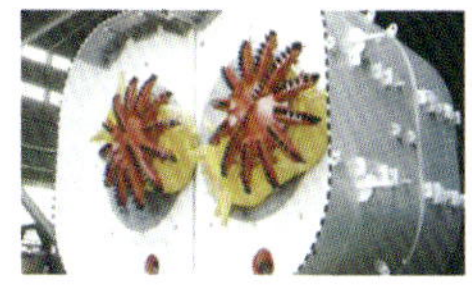

异型盾构机 Non-Circular Full Face TBM

●**根据地形、用途完全专门订制**

能够根据尺寸及地质条件，针对特殊地形条件进行专门订制。

●**阿波罗刀盘施工法（包含着所有可能性的回旋刀盘）**

能掘削以矩形为主的任意断面，也适用于非圆形或圆形断面。刀盘构造上有高性能的刀具位置控制机构来确保高精度的掘削断面。

●**特长**

(1) 能掘削圆形、矩形、马蹄形等自由断面。

(2) 在掘削硬质地形或地下障碍物时发挥威力。

(3) 刀盘构造部分可以再利用至其他盾构机上。

西北橡胶塑料研究设计院有限公司（简称：西橡院）创建于1965年，现隶属世界五百强之一的中国化工集团，是国内专业从事橡胶密封制品、特种橡胶制品及专业橡胶材料研究与生产的单位。50余年来取得了数量庞大的科研成果，极大的推动了行业进步；1966年创刊的《特种橡胶制品》是国家中文科技核心期刊，及《橡胶参考资料》译文期刊，仍在发行服务橡胶行业；设有国家橡胶密封制品监督检验中心、拥有国家级的橡胶制品性能实验室（CNAS）保障西橡院科研生产。

只为做好密封

这次为助力"地下巨龙"顺利潜行，我们已做好准备

西橡院作为组织和第一起草单位，联合中铁装备、铁建重工、中交天和、北方重工、上海隧道等国内知名企业共同进行《全断面掘进机橡胶密封》国家标准的研究制定，并深入开展多项技术合作。

行业内率先建立了：6米盾构比例的主驱动铰接密封专用模拟实验平台；铰接密封成品寿命模拟试验平台，盾尾应急气囊试验验证平台，等国产化亟待完善的盾构密封技术专有验证手段。同时通过自主开发和引进设备建立了先进的盾构密封专业生产线。

米度测量

上海米度测量有限公司

精准空间

卓越米度

上海米度测量技术有限公司成立于2010年，注册资金1000万元，位于浦东新区，是国家高兴技术企业，同时被评为双软企业，具有专业的技术团队和自主研发知识产权。公司专注于隧道的自动化测量，为隧道测量领域提高准确、稳定、先进、易用的自动化测量产品。公司具有3项发明专利、6项实用新型专利、11项软件著作权。

主营产品：

MTG-T盾构导向系统

MTG-L长距离曲线顶管导向系统

MTG-M短距离直线顶管系统

MTG-PZ短距离直线顶管棱镜系统

MMG-V煤矿竖井掘进导向系统

MDD-H水平定向钻导向系统

隧道断面管理系统

全自动盾尾间隙测量系统

管片收敛监测系统

地铁运营监测测量

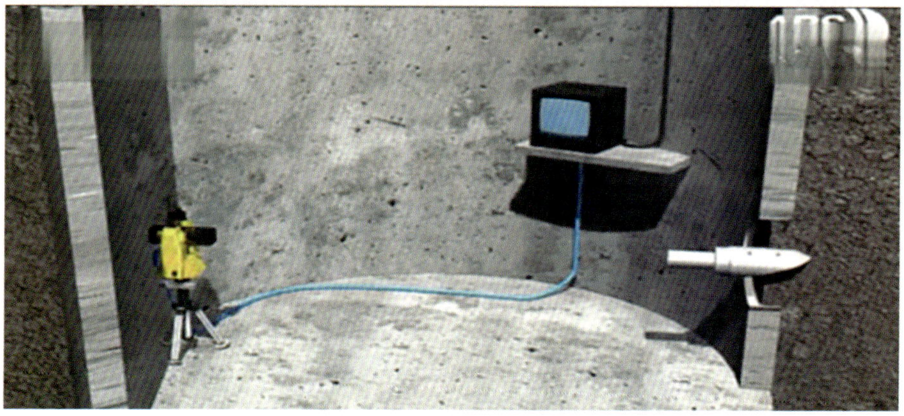

上海米度测量有限公司

米度MTG-T盾构导向系统

MTG-T是基于计算机技术,采用多线程架构，集测量技术、激光靶技术、无线通讯技术、传感器技术和远程通讯技术于一体，由多种不同类型的精密传感器组成，准确实时测量盾构姿态的自动测量导向系统。

米度MTG-M短距离直线顶管导向系

MTG-M短距离直线顶管系统是上海米度测量技术有限公司自主研发的，应用于短距直线顶管施工过程中。使用MTG-M顶管自动导向系统，能实时获取顶管机位置相对于隧道设计中心线的偏差及其姿态，为顶管施工严格按照设计路线推进提供重要指示信息，保证隧道施工的质量及隧道的准确贯通。

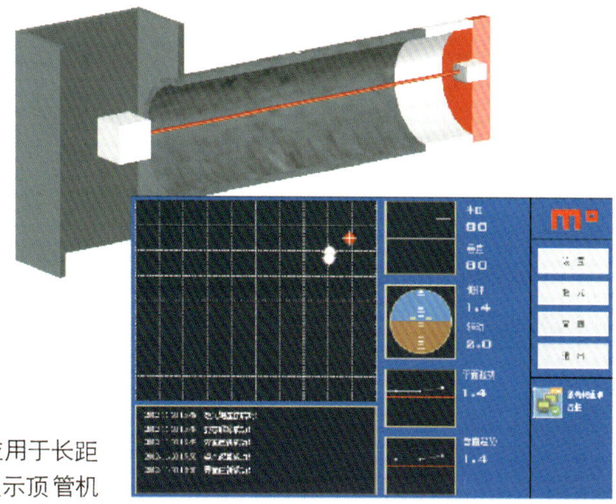

米度MTG-L长距离曲线顶管导向系统

MTG-L长距离曲线顶管系统由上海米度测量技术有限公司研发，专门应用于长距离、曲线顶管的自动导向测量系统。实现快速的动态导向测量，实时显示顶管机姿态，有效剔除温度对高程测量的影响，达到快速、准确测量顶管机姿态的要求。

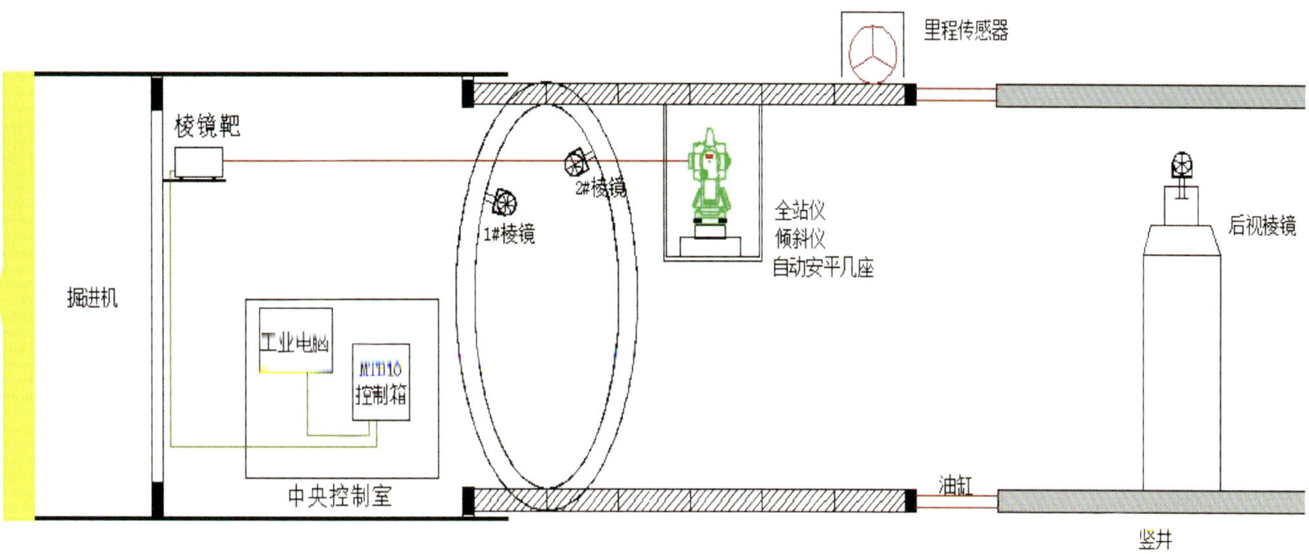

客户惊喜，米度追求！

质量以优，技术以精，服务以诚

上海米度测量技术有限公司
电话：021-50329515/50171836
网站：www.meter-degree.com
地址：上海浦东御桥路269弄27号

公司简介 / Company Introduction

江苏远兴集团

江苏远兴集团坐落于江苏省宜兴市环保科技工业园，专业生产交通噪声、工业噪声、综合噪声等噪声控制产品、预埋滑槽产品、轨道减振系列产品，是集科研、设计、生产制造、销售、安装及技术服务为一体的大型集团企业。公司占地面积100000平方米，建筑面积80000平方米。集团员工总数1000余人，其中专业技术人员占员工的80%，教授研究员级高级工程师5名。集团控股五个子公司，下设十几个分公司，并在海外设有多个办事处。

集团公司是省高新技术企业，省著名商标企业，并建立了省工程技术研究中心，目前拥有国家发明和实用新型专利百余项，获得中国环保产品认证十余项、高新技术产品认定几十项。企业已通过IS09001：2008质量管理体系认证、ISO 14001:2004环境管理体系认证及OHSAS 18001:2007职业健康安全管理体系认证。是“环保产业骨干企业”、“AAA 级重合同守信用企业”、“AAA 级资信企业”、“全国质量安全信誉AAA级优秀环保工程施工企业”。

多年来，公司与国内外相关行业科研机构、设计院所及重点院校长期进行技术合作，研发的吸隔声产品、减振器、预埋槽道及相关产品的多项技术性能均优于国内同类产品，并成功应用于各个领域。

产品介绍 / PRODUCT DESCRIPTION

常规预埋槽道

1、远兴常规预埋槽道，采用热轧Q345B以上原材料，具有延展性能好，承载能力好，抗腐蚀性好等特点。

2、槽道结构分为带齿和不带齿，带齿结构具有抗滑移性能好，承受荷载能力强等特点。

3、锚杆有焊接和热铆两种，焊接具有节省金属材料、生产率高、操作条件好、易于实现机械化和自动化的优点，焊接部位具有良好的力学性能和密封性。铆接产品质量稳定，结构抗震、耐冲击，连接牢固可靠，动态性能好等特点。

焊接工艺：

槽道与工字钢连接方式为焊接：将工字钢焊接在槽道上的连接方式。

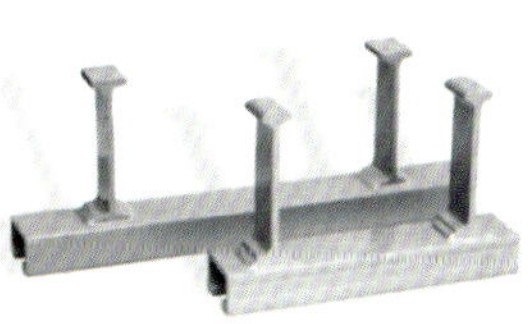

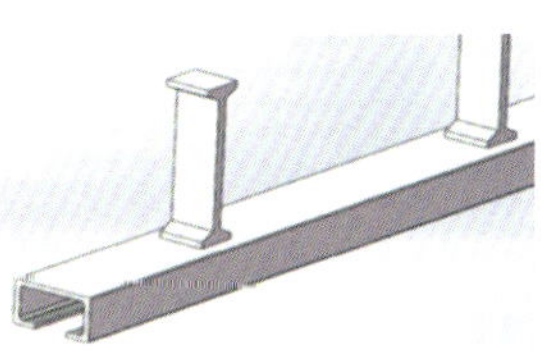

铆接工艺：

槽道与锚杆连接方式为铆接：将锚杆穿过槽道的预制孔中，经热铆而成的连接方式。

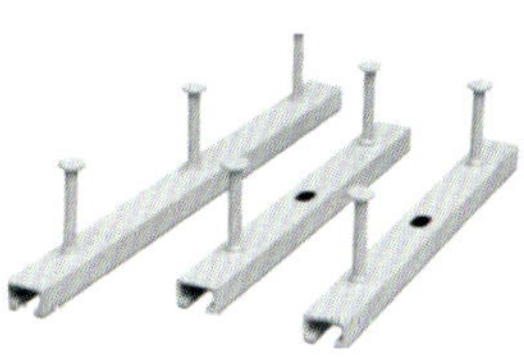

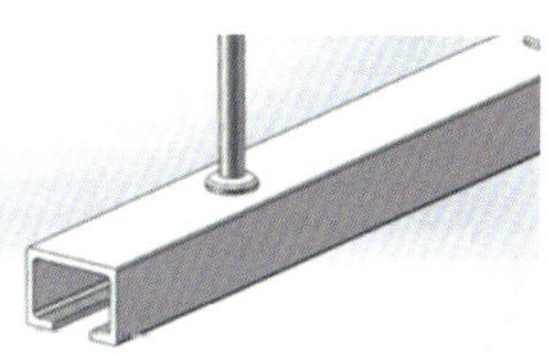

外挂式槽道

外挂式槽道是一种利用手孔螺栓来固定槽道的安装方式。其特点是：

安装具有选择性：可以在有需要且有手孔螺栓的位置安装，不需要的位置可以不安装，可节省部分槽道，在隧道成型后安装。

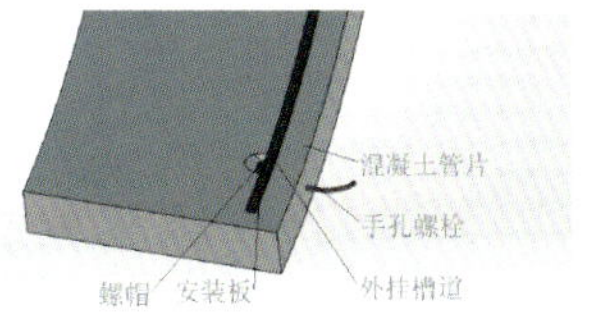

可替换预埋槽道

1、可替换式预埋槽道，解决了锚杆的准确定位问题，解决了传统预埋槽道损坏、生锈无法更换的难题。

2、不改变槽道的截面尺寸、安装方式、承载能力，不占有隧道有效空间、不占用机电设备的安装时间。

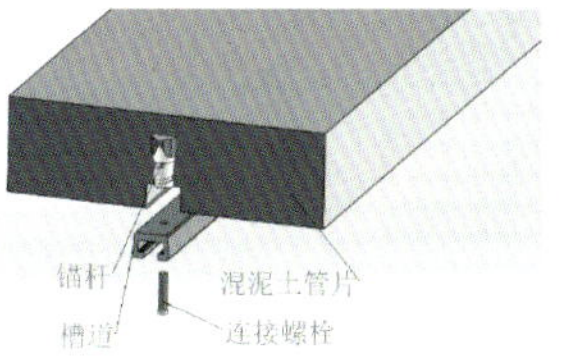

远兴槽道防腐工艺特点

1、首先热浸锌，然后进行表面封闭，通过多次浸涂和烘烤，形成不同结构的防腐层，做到耐盐雾、耐酸碱、电器绝缘性；

2、具有良好的附着力，在一定范围内，可以自行修复表面损伤。

3、在热浸锌基础上加上德国高温无机底涂材料，提供了超高、稳定的防腐性能（满足3600小时中性盐雾试验）。即使因安装过程中多层复合封闭层破损、或时间久之后存在老化、脆化的现象，防腐性能也不会受影响。

企业典型案例 / COMPANY TYPICAL CASE

· 青岛地铁1号线管片预埋槽道工程	盾构管片	· 无锡地铁3号线管片滑槽工程	盾构管片
· 青岛轨道交通R3线预埋槽道工程	U型梁	· 南宁地铁4号线预埋滑槽工程	盾构管片
· 长沙市轨道交通3号线盾构管片预埋滑槽工程	盾构管片	· 长沙市轨道交通5号线盾构管片预埋滑槽工程	盾构管片
· 北京地铁3号线一期预埋槽道工程	盾构管片	· 郑万铁路预埋槽道工程	高铁隧道
· 深圳地铁6号线预埋槽道工程	矿山法隧道	· 新建赤峰至京沈高铁喀左站铁路预埋槽道工程	高铁隧道
· 长沙市轨道交通4号线盾构管片预埋滑槽工程	盾构管片	· 北京城市副中心综合管廊工程	城市管廊
· 深圳地铁3号线南延段预埋槽道工程	盾构管片	· 梅溪湖综合管廊工程	城市管廊

产品中心 / PRODUCT CENTER

槽道

声屏障

消声器

通风隔声窗

减振器

◎ 地址：江苏省宜兴市新街镇百合工业园区 ◎ Add：Baihe Industrial Park, Xinjie Town, Yixing City, Jiangsu Province
◎ 电话(Tel)：0510-8713 1111 ◎ 传真(Fax)：0510-8713 8713 ◎ http:// www.jsyxep.com
◎ 邮编(P.C)：214204 ◎ 邮箱(E-mail)：jsyxep@jsyxep.com ◎ 服务专线(Service Hotline)：**400-680-8713**

河南三超货物运输有限公司

河南三超

河南三超货物运输有限公司坐落于河南省郑州市惠济区内，公司成立于2009年10月，在2017年被荣幸入选《中国盾构工程产品企业名录》。公司自成立以来，业务蒸蒸日上。专业提供其中设备出租、大件吊装、盾构机下上井吊装、机械安装等服务，拥有一支具有丰富操作经验的吊装队伍，致力于研究和实施，大件物资的运输，普通货物的运输。

专业盾构机运输

公司拥有一支经验丰富的专业服务团队。在硬件上，拥有多部重型大马力牵引车、三轴线、五轴线、七轴线可任意拼接液压轴线板，备有适用多种形式货物运输的板车、挂车、炮车、框架车，以满足不同货物的运输要求。

因为专业

所以做的更好

河南三超货物运输有限公司

河南三超

专业盾构机吊装

公司现拥有设备汽车25～500t吊十多台，以满足不同货物的吊装要求，且拥有260t、320t、400t、550t履带吊，具有对外承揽大型机械设备的吊装及人工就位能力。公司还拥有一支具有丰富操作经验的吊装队伍，能够为客户提供量身打造的吊装解决方案并协助实施，帮助客户开源节流，挖掘第三方利润源泉。

卫华集团 WEIHUA GROUP

企业概况 COMPANY PROFILE

卫华集团创建于1988年。自成立以来公司以起重机制造为基础，取得了持续快速发展，逐步形成以研制起重机械、矿用机械、港口机械、汽车起重机、减速机等产品为主的装备制造和以房屋建筑、市政工程、钢结构、工程建设、防腐施工以及工程总承包为主的建筑工程两大业务板块。总资产70.24亿元，品牌价值71.9亿元，员工6800余人，占地面积365万平方米。

卫华集团是中国重型机械工业协会、中国物料搬运协会和桥式起重机分会副理事长单位，全国首批国家技术创新示范企业，先后荣获“全国制造业单项冠军示范企业”“中国机械百强企业”“中国民营500强企业”“国家火炬计划重点高新技术企业”“国家认定企业技术中心”“全国守合同重信用企业”“全国质量标杆”“全国机械工业质量奖”“河南省省长质量奖”“全国工业品牌培育示范企业”等500多项荣誉称号。

卫华拥有国家认定企业技术中心、国家地方联合工程研究中心、国家认可技术检验测试中心、河南省制造业创新中心、河南省产业技术基础公共服务平台、河南省起重物流装备重点实验、博士后科研工作站、院士工作站等17个国家、省级研发平台。以中国科学院院士杨叔子、中国工程院院士张铁岗为带头人的600人的科研团队，技术实力雄厚，先后承接一项国家“863计划”、四项“国家科技支撑计划”、两项“国家火炬计划”项目，拥有授权专利588项，其中发明专利66项，参与国际、国家、行业、地方标准83项，先后获得省部级科技进步奖项55项；获政府鉴定科技成果61项，其中国际领先1项、国际先进4项、创造世界纪录1项。

集团主导产品广泛应用于机械、冶金、矿山、电力、铁路、航天、港口、石油、化工等行业。服务于西气东输、南水北调、卫星发射、中国核电、中国中煤、中国神华、中国石油、中国石化、北京奥运、上海宝钢、北京首钢、杭州湾跨海大桥等数千家大型企业和国家重点工程，助力神舟系列飞船、长征系列火箭、天宫系列探测器成功飞天，并远销东南亚、中亚、中东、非洲、俄罗斯、英国、美国、澳大利亚等100多个国家和地区。

“十三五”期间，卫华人将秉承“卫华让世界轻松起来”的使命，以满足客户需求，为客户提供产品全生命周期服务及智能、高效、绿色系统解决方案为根本出发点，为客户提供优质产品和服务，让世界因卫华轻松起来。

总部地址:河南省长垣县卫华大道西段
传真：0373-8887665
销售电话:0373-8887666　4000058886
售后电话:4007790686
卫华集团网址:www.cranewh.com
河南卫华网址:www.craneweihua.com
河南卫特网址:www.wttzc.com

卫华集团公众号　　河南卫华公众号

产品展示 PRODUCT DISPLAY

起重产品系列

YZ320t铸造起重机

电解铝多功能起重机

YD250t锻造起重机

西安铁路局四台门机联吊项目

天津中重全自动轧辊搬运起重机

酒厂专用起重机

立体车库 PC成套设备

垂直循环式立体车库

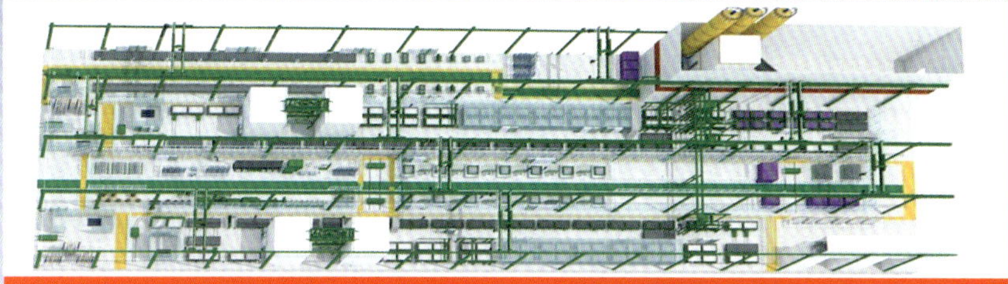
PC生产线

矿机产品系列

普通带式输送机

悬臂式斗轮堆取料机

门式斗轮堆取料机

波状挡边带式输送机

圆管带式输送机

卫华特种车辆

洗扫车

车辆运输列车

移动式高空制瓦车

CONTENTS
目录

广告索引

特殊版面

彩色内页

39. 河北轩博液压机电设备有限公司
40. 北京申江工程技术咨询有限公司
41. 江苏恒立液压股份有限公司
42. 威卡国际贸易(上海)有限公司
43. 河南省凯英蓝天能源科技有限公司
44. 甘肃四方机车有限公司
45. 杭州中诚装备服务股份有限公司

1/2 彩色内页

1. 郑州瑞申机器制造有限公司
2. 湖北博腾新材料有限公司
3. 东莞雅迪勤压缩机制造有限公司
4. 湖北玖天机车部件有限公司
5. 诺德保尔工业技术(北京)有限公司
6. 任丘市华北油田金凯隆石油助剂有限公司

黑白内页

1. 北京中煤矿山工程有限公司
2. 河南豫中起重集团有限公司
3. 吉林省维尔特隧道装备有限公司
4. 北京欧德林科技开发有限公司
5. 江苏重亚重工有限公司

1/2 黑白内页

1. 大连佳辉物流有限公司
2. 东莞市明洁隧道建设材料有限公司
3. 上海蓝承机械设备发展有限公司
4. 吴江海格机械有限公司
5. 北京晋太机械设备有限公司
6. 福建中天交通工程技术服务有限公司
7. 洛阳九久科技股份有限公司
8. 西安创富电子科技有限公司
9. 安徽皖南电机股份有限公司
10. 西宁特殊钢股份有限公司

1/4 黑白内页

1. 斯凯孚(中国)有限公司
2. 西门子(中国)有限公司
3. 伊顿(中国)投资有限公司
4. 萨姆森控制设备(中国)有限公司
5. 阿特拉斯科普柯(中国)矿山与建筑设备贸易有限公司
6. 英格索兰(中国)投资有限公司
7. 上海优耐特斯压缩机有限公司
8. 巴鲁夫自动化(上海)有限公司
9. 施耐德电气(中国)有限公司
10. ABB(中国)有限公司
11. 杨凌 CBE 隧道模具有限公司
12. 上海隧道工程股份有限公司
13. 北京首钢机电有限公司
14. 蚌埠市行星工程机械有限公司
15. 沧州市华油飞达固控设备有限公司
16. 成都合瑞达机电设备有限公司
17. 洛阳特重轴承有限公司
18. 淄博火炬能源有限责任公司
19. 南通盘天新材料有限公司
20. 沈阳鑫山盟建材有限公司
21. 烟台宏远氧业有限公司
22. 四川化建机电有限公司(巴斯夫全国代理)
23. 武汉江钻恒立工程钻具股份有限公司
24. 中船重工(青岛)轨道交通装备有限公司
25. 北京金隅砂浆有限公司
26. 北京市北方永定工贸有限责任公司
27. 广州机械科学研究院有限公司
28. 济南重工股份有限公司
29. 淮安市中球盾构技术服务有限公司
30. 上海蓝昊电气有限公司
31. 南昌力通岩土工程设备有限公司
32. 成都万丰友和劳务有限公司

企业名录索引

SAFECLEEN ENGINEERING MACHINERY CO.,LTD
三川德青工程机械有限公司

公司介绍

三川德青工程机械有限公司（原黑旋风工程机械开发有限公司）是中国冶金地质总局三川德青科技有限公司的全资子公司，在工程泥浆处理方面，拥有自主品牌和多项专利技术，经过二十多年的不断创新和积累，技术达到国际先进水平，成为目前中国规模最大、技术最成熟、市场占有率最高的“泥浆处理专家”企业。

盾构泥浆处理系统

我公司自主研发的ZX系列泥浆处理系统能满足500-600m3/h泥浆处理及循环利用要求，其整体结构合理，占地面积小，设备噪音低、工作效率高、工程适用性强、使用寿命长。

公司自1993年开始生产泥浆处理设备，至今已有23年的生产经验。迄今为止，共参与国内50多条泥水盾构工程施工，历经粘土、粉质粘土、粉细砂、中粗砂、风化岩、花岗岩等各种地层盾构施工的泥浆处理。多年来，本公司与中国中铁、中国铁建、中交集团等各大施工单位进行过多次成功的合作，并保持着良好的合作关系。

中铁隧道集团佛莞狮子洋项目

中铁十四局南京地铁十号线项目

地址：湖北省宜昌市大连路8号
电话：0717-6066366
传真：0717-6467192
邮编：443003
Http://www.hxf-gj.com

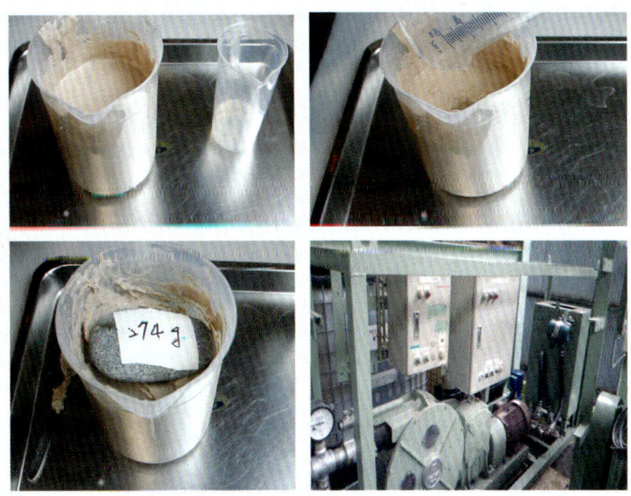

康明克斯（北京）机电设备有限公司
Comex (Beijing) Mechanical & Electronic Equipment Co., Ltd.

公司业绩

康明克斯（北京）机电设备有限公司位于北京市密云区经济开发区，隶属西班牙康明克斯矿业集团公司，是一家专业从事固液分离泥水处理系统设计、研发、生产及销售并且拥有多项国家发明专利的外商独资企业。康明克斯运用所掌握的国际先进水平核心技术，结合国内各行业的实际情况，量体裁衣式的设计生产出先进的KMAZ型泥水处理系统，可广泛应用于选矿、大口径桩基、地下连续墙、非开挖顶管、污水处理、隧道盾构等多个行业。

公司主要客户有中国中铁、中国铁建、中交集团、中石油、中国建设、路政、市政建设、水利水电、台湾砂石制造业。大同、晋城、皖北、兖州等煤矿矿务局；中国铝业、江西铜业、云南铜业、大冶铁矿、印度赖布尔、越南生权、赞比亚谦比西等。业务遍及国内和海外，与上述单位保持着友好合作关系。

康明克斯以开拓进取，锐意革新为精神，以为人类幸福发展做出环保贡献为使命，致力于将康明克斯公司打造成为低碳时代固液分离解决方案的领航者！

上海城建沈阳地铁项目

中铁隧道台山核电站取水隧洞项目

公司名称：康明克斯（北京）机电设备有限公司
地址：北京市密云经济开发区翔云路 3 号
邮编：101500
电话：010-69076938
传真：010-69076898
邮箱：comex@263.net
网址：www.comexbj.com

泰诺博锐

我公司致力于各类盾构机大修业务，承修过的机型包括中铁装备盾构机、海瑞克盾构机、小松盾构机、石川岛盾构机、以及罗宾斯盾构机。为中铁装备、中铁隧道局、中铁一局、二局、三局等多家工程局进行过盾构机大修服务。

我公司还国产化盾构机配套的主驱动电机和主泵站电机，研发出泥水盾构机配套中继泵总成，泥水分离器和盾构机导向装置。并开展盾构机配套所有电传动设备，包括主控室、变频器、变压器、主驱动电机、配电柜、动力柜等设备的返厂修复和现场修理，泡沫系统单管单泵改造、海瑞克更换海希遥控器技术改造。

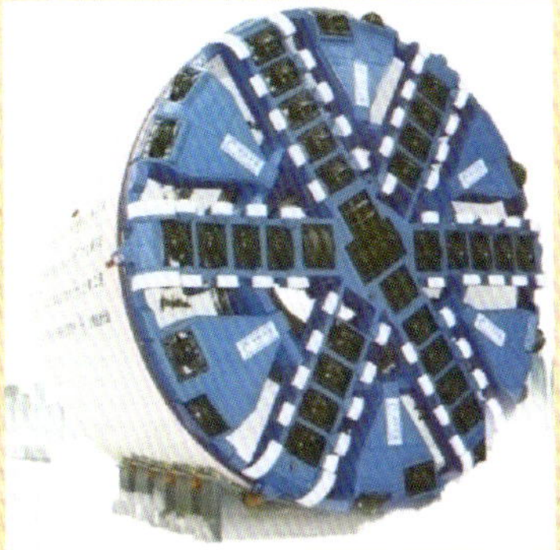

公司已完成部分业绩

◆ 新机组装业务

新装中铁装备、南宁广发新造盾构机167、183、265、268、278、332、304、329、330、348等合计三十多台。

◆ 大修改造业务

1.大修改造中铁装备系列盾构机9、10、12、33、36、46、129号等盾构机10多台。

2.大修海瑞克系列盾构机179、180、402、403、465、466、508、509等。

3.大修小松盾构机K02、03、08号等。

4.大修石川岛IHI429号盾构机。

◆ 盾构机配套电器检测维修业务

1.NFM07盾构机配套所有电传动检测维修

2.三三盾构机配套所有电传动检测维修

3.盾构机主驱动电机检测及更换润滑脂

4.盾构机配套ELIN主驱动电机更换转轴

5.TBM337/338配套所有电传动检测维修

6.石川岛IHI429盾构机配套主变频器维修

我们一直以“诚信为本、周到服务、不断创新、共同发展”为核心价值观，并用自己敢于竞争、勇于创新的高素质员工队伍去为用户提供周到细致的服务和产品。

公司名称：山西泰诺博锐隧道设备有限公司
联 系 人：李经理　　电话：18629430965
公司地址：山西省永济市黄河大道

TRELLEBORG

开创性
地下施工技术

海瑞克公司是机械隧道掘进领域中的技术和市场领导者。公司是目前全世界唯一一家能够提供适应各种地质条件的、直径从0.1米至19米的尖端隧道掘进设备供应商。海瑞克公司致力为客户提供度身定做的隧道掘进设备，用于挖掘各种交通运输隧道（交通隧道掘进），以及供给和排放隧道（公用事业隧道掘进）。海瑞克连同其属下机械隧道掘进各个领域的专家团队，组成强有力的联盟，能根据客户所需为隧道建设提供涵盖了配套设备以及服务的一揽了解决方案，包括：泥水分离站、皮带输送系统、导向系统、轨道运输系统、管片模具以至交钥匙管片生产工厂。此外，海瑞克公司提供的服务还包括技术咨询、规划和监理，技术人员支持甚至应特别任务需求配备整个工地团队。公司也掌握了创新的竖井沉降技术以及斜井建造技术。同时，公司提供技术领先的深井钻机，钻进深度可达8千米。

交通隧道掘进：建设高效的交通网络 到本世纪中，世界人口预计达到90亿，而其中三分之二将居住在大都市中。为了使人们出行方便、物流通畅，高效的基础设施需要向地下发展。凭借最现代的技术，即便在狭窄的以及复杂的工地条件下，也能在所需的地点建造出高效的基础设施。为新建或扩建市内地铁系统，海瑞克隧道掘进机已经为700多个项目建造了新的隧道。海瑞克的掘进机还参与了穿越哥达山脉的世界上最长火车隧道项目中2条各长57公里的主隧道的开挖任务，总挖掘里程超过85公里。世界各地的承建公司使用海瑞克大直径隧道掘进设备（Ø＞4.20米）总共挖掘了超过2800公里的崭新隧道。在2015年，海瑞克总共交付了60多台大直径隧道掘进机。

公用事业隧道掘进：铺设各种供给与排放管道 无论是在发展中国家还是发达城市中心，随着人口迅猛增长，人们对地下供给管道的需求也不断增加。这也是目前有超过850台海瑞克公用事业隧道掘进机正在全球繁忙作业的原因。我们的公用事业隧道掘进设备用于建造和铺设给排水、输气、输油管道，以及输电和通信管道。与传统隧道掘进方法相比较，非开挖隧道技术具有众多明显的优势：小型隧道掘进机、水平定向钻机以及最新的下沉式竖井掘进机都几乎不会对交通、商业和环境造成影响。

海瑞克全球网络 海瑞克集团在2015年的营业收益达13.43亿欧元。在全球范围内，海瑞克集团共有约5000名员工，其中包括约180个年轻人的培训岗位。集团在德国以及海外共拥有的76家子公司和相关行业领域的联营公司，使我们能够就近地为不同客户、不同项目及时地提供量身打造的全方位解决方案。

HERRENKNECHT AG
77963 Schwanau
Germany
Phone +49 7824 302-0
Fax +49 7824 3403
pr@herrenknecht.com
www.herrenknecht.com

海瑞克股份公司
德国 Schwanau 77963
电话 +49 7824 302-0
传真 +49 7824 3403
pr@herrenknecht.com
www.herrenknecht.cn

海瑞克股份公司北京代表处
中国 100022
电话 +86 10 6567 0389
传真 +86 10 6567 6769

HERRENKNECHT Tunnelling Systems

XCMG-KAIGONG
徐工凯宫

徐工集团凯宫重工南京有限公司成立于 2011 年 2 月，占地总面积320 亩，坐落于南京江宁滨江经济开发区，主要从事大型隧道掘进机的研发、制造、销售及服务。

公司首台EPB-6390型复合式土压平衡盾构机--凯宫一号，为“江苏省首台（套）重大装备产品”，并获得“江苏省优秀新产品金奖”、“江苏省高新技术产品”等荣誉称号。

徐工凯宫一直致力于打造国人信赖的盾构品牌，现已拥有专利数43项，软件著作权6项，授权发明专利19项。未来公司将加大研发和生产投入，打造民族盾构的世界品牌

“推动自己
就能推动世界”
——打造民族盾构的世界品牌

① 徐工集团凯宫重工生产车间俯瞰图
② 苏州轨道交通2号线工程项目掘进使用的盾构机产品
③ “凯宫一号”复合式土压平衡盾构机
④ 南京宁高城际项目施工现场
⑤ EPB-6390型复合式土压平衡盾构机施工现场
⑥⑦⑧ 施工方在我公司参观选购盾构机
⑨ 南京轨道交通3号线TA06标段施工现场

徐工集团凯宫重工南京有限公司
地址：南京市江宁区滨江开发区广济路168号

联系人：谷进　联系电话：18005193313　WWW. XCMG. COM

虎牌石油
TIGER PETROLEUM
专业、专注、价值之选
为中国盾构工程
提供全面专业的润滑解决方案
虎牌盾构工程主要润滑产品
抗磨液压油、极压齿轮油、极压润滑脂、主轴密封润滑脂、
盾尾密封脂、泡沫润滑剂
虎牌石油（中国）有限公司
TIGER PETROLEUM(CHINA)CO.,LTD
全国客服热线 400-877-2878
WWW.TIGERPETROLEUM.cn
CQC
ISO9001-2015
引领润华科技·驾驭行业未来

许昌许继配电股份有限公司

企业介绍

许昌许继配电股份有限公司位于国家许昌经济技术开发区，公司成立于2004年，经过十多年发展壮大，已形成规范的质量体系和管理流程，建立了自己的产品销售渠道。公司于2009年研制成功盾构机箱变并成为中国铁建重工集团、中铁工程装备集团、中交天和机械设备制造有限公司的优秀供应商，积累了丰富的设计制造经验，成功获得了7项相关专利证书，产品达到国内先进水平。

产品介绍

盾构机箱变是我公司设计制造的一种专业用于盾构机配套的配电产品。该型箱式变电站广泛适用于隧道施工等用电设备需频繁移动的场所，作配电系统中接受和分配电能之用。其具有防护等级高、透气性强、结构紧凑、运行安全可靠、维护方便等特点。

主要业绩

凭借优良的品质和服务，公司产品在国内外各大隧道施工项目中表现突出。重点完成项目如下：

- 中国铁建重工盾构箱变海外项目（莫斯科地铁工程）
- 中国铁建重工组合箱变海外项目（伊朗德黑兰供水工程小盾构项目）
- 中国铁建重工盾构箱变（新疆天山供水工程）
- 中铁工程装备盾构箱变（北京地铁新机场线工程）
- 中铁工程装备盾构箱变（成都地铁9号线工程）
- 中交天和盾构箱变（福州地铁隧道工程）

产品图例

公司联系信息

地址：河南省许昌市经济技术开发区瑞祥路3388号

联系人：屈留民（副总经理）

联系方式：0374-3219069 / 13903991881

中铁十六局集团物资贸易有限公司是中铁十六局集团有限公司全资子公司，注册资本金25000万元。公司机关设在北京，下辖西北、西南、华东、东北四个区域分公司和两个专业生产工业分公司，其中工业分公司是专业生产管片螺栓、盾构油脂、泡沫剂等盾构通用材料的科技创新型企业。拥有河北及山东两个生产基地。自成立以来，公司一直致力于盾构通用材料的研究与生产，同时公司与“壳牌”“美孚”“道达尔”“巴斯夫”“纳拓”“福斯”等国际知名品牌和国内盾构刀具先进生产厂家建立合作伙伴关系，利用自身多次参与国家大型铁路公路项目物资采供管理积累的资质优势、技术优势、管理优势，充分发挥央企铁军品牌形象和经济实力，保证质量、保障供应，受到用户一致好评。

中铁十六局物资贸易有限公司工业分公司河北基地

中铁十六局物资贸易有限公司工业分公司厂房

中铁十六局集团物资贸易有限公司工业分公司拥有四条管片螺栓生产线，年生产能力达到500万条，采用先进的达克罗防腐处理技术，可生产直径20-39mm、长度450mm-75mm、强度4.8级-10.8级或其他等级要求的各种规格的管片螺栓，产品广泛用于各类轨道建设和地铁建设。现已对豫机城际铁路、昆明地铁6号线、郑州市民文化服务区项目、北京地铁17号线等多个项目形成供应。产品经中国铁道科学研究院检验合格后投放市场，受到用户一致好评。

“达克罗”防腐处理设备

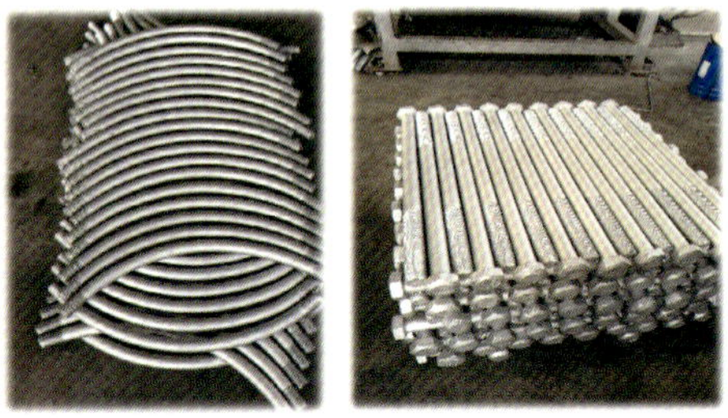
管片螺栓成品

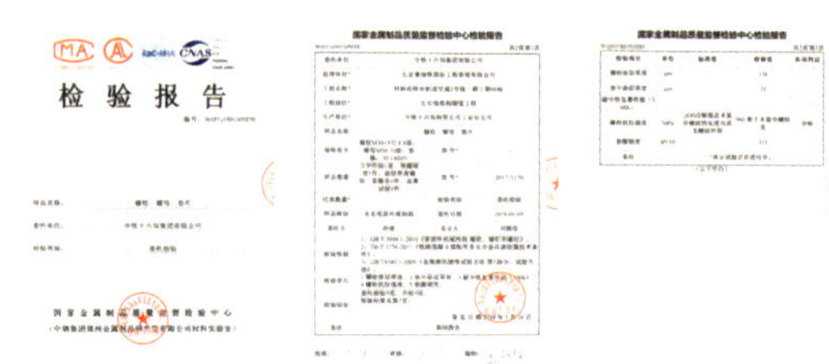

管片螺栓产品检测报告

中铁十六局集团物资贸易有限公司工业分公司拥有先进的油脂及泡沫剂生产线，年生产能力可达20000吨。全部采用无毒、无害、无腐蚀、天然可降解环保原材料，产品广泛用于城市地下工程建设及道路隧道施工，其中盾尾密封油脂主要有手涂型和泵送型两种，具有良好抗水密封性、泵输送性和黏附性，可有效保护盾尾，隔绝地下水和泥浆，保证盾构机顺利施工。泡沫剂配方组份主要由表面活性剂、稳定剂、强化剂和渗透剂等复配而成，无毒无害，排出土渣可做为回填土使用，不需要特殊处理就能达到环保要求。

油脂生产设备

油脂成品

存储罐

孜孜追求“强大·幸福”的十六局物贸人，将秉持“责任重于能力，意志创造奇迹”的核心精神，勇于创新，积极探索，把中铁十六局集团物资贸易有限公司工业分公司建成技术先进、质量一流、价格合理、管理规范、效益良好、稳定可靠的通用制品生产供应基地。

中天，高品质刀具制造者
专为困难地层掘进而来

盾构机吊装运输　大型桥梁吊装运输　风机安装及检修

北京华晨益吊装运输有限公司位于北京市大兴区，具有北京市建委颁发的特种专业工程（吊装工程）专业承包资质和大型构件运输资质，公司主营盾构机吊装运输、大型桥梁吊装运输、风机安装及检修等大型设备吊装运输业务。

公司自有盾构专用工况250吨至650吨级履带吊19台、德马格CC6800履带式1250吨起重机1台、德马格CC5800履带式1000吨级起重机1台、德马格350吨全地面汽车吊1台、拥有其它小吨位起重机8台，总起重能力达8000余吨。大型拖车有40吨、60吨、100吨、150吨以及运梁专用炮车、轴线车30余辆。

华晨益作为专业的吊装运输公司，参与了国内众多大型工程的吊装运输、国家体育场火炬吊装、奥运会、残奥会开闭幕式旋转舞台的设备安装；蓬莱巨涛俄罗斯LNG项目模块及构件吊装、辽宁红岩河核电站机组一体化吊装、山东青州石化反应器吊装、国内多条隧道工程盾构机吊装、南水北调输水管线的吊装、奥运会、残奥会应急车辆的备勤。同时我公司的起重机作为北京市政工程的应急车辆，为北京市政工程建设作出了巨大的贡献。近年来参与了北京阜石路二期、广渠路、京良路、京密路、蒲黄榆路、轨道交通房山线、昌平线等项目的大型桥梁吊装运输任务，均受到业主单位的一致好评。

作为北京盾构工程协会的理事单位，华晨益公司参与了北京市各条地铁线盾构机的吊装运输任务，相继完成机场线、四号线、六号线、七号线、十号线、九号线、十四号线、十五号线、十六号线、八号线、大兴线、昌平线、亦庄线等线路的盾构机吊装任务。从2012年开始，公司的业务逐渐向全国发展，相继参与的大连、沈阳、广州、深圳、珠海、郑州、南京、合肥、石家庄、天津、常州、无锡、苏州、杭州、徐州、宁波等地的地铁盾构机施工，目前公司已培养了一大批专业的盾构机吊装、运输及组装人员，具备承揽各型号盾构机的吊装及运输任务。华晨益公司自成立以来，累计完成两千余台次的盾构机吊装运输工程，积累了丰富的施工经验，深得业主信赖。2011年，根据公司多年来在盾构机吊装运输施工中积累的经验，与北京轨道交通建设公司共同编制了《盾构机吊装施工规范》企业标准，使吊装企业在盾构机吊装施工中进一步规范化、标准化。

凭借着优良的设备、精湛的技术和高效的服务，华晨益赢得了吊装行业的一致认可和高度评价。2012-2015年连续四年评为“中国吊装百强企业”。2014年我公司参与的“京津城际铁路延伸线最大泥水盾构机吊装工程”被评为“中国十大经典吊装工程案例”，2015年我公司1250吨吊车参与的“蓬莱巨涛俄罗斯LNG项目模块及构件吊装”项目被选为“中国年度吊装工程案例”。2016年在全球起重机峰会中，我公司被评为“中国吊装十强企业”。

华晨吊装

北京华晨益吊装运输有限公司

地　址：北京市大兴区魏善庄镇查家马坊
联系人：杜 勇　　手机：133 1120 1233
电　话：010-8923 0386　8923 0385　　传真：010-8923 0385
邮　箱：duyong007@sina.com　　网址：www.bjhcydz.com

中国中车
CRRC

中国动力 永济电机

中车永济电机有限公司，隶属于中国中车股份有限公司，是中国中车的核心骨干子公司，成立于1969年。专业研制电气传动和新能源动力产品，为全球用户提供电传动系统解决方案。

永济电机公司研制开发了二十余种盾构机刀盘主驱动、泵用交流变频异步电动机。形成多型号盾构机电机型谱化、系列化、批量化，产品已成功应用到中国国内主要盾构机制造商。产品具有体积小、重量轻、调速范围宽、绝缘等级高、耐环境恶劣、安全可靠性高等特点。主要分类如下：

一、盾构的刀盘驱动类电机

该类变频电机具有过载能力强、脱困扭矩大、耐冲击、防护等级高等特点。调速性能优良，运行稳定可靠，特别是实现了转矩输出接口形式的多样化，便于用户选型安装。接口和国外同类电机实现互换。目前，我们已研发出更为清洁、高效的永磁电机系列化产品，正在努力实现电机及驱动系统的配套供货。

二、泵类电机

该类电机具有功率等级齐全、定频、电机极数2到4极、效率高等特点。与西门子、ABB电机接口可实现互换，绝缘等级更高，有风冷、水冷两种冷却方式，可完全替代进口产品。

三、变频器

为盾构刀盘驱动专门研制的变频器，功率等级齐全，电源输出品质好，谐波小，频率范围宽，采用矢量控制，价格低，可根据用户要求订制。

中车永济电机有限公司
CRRC YONGJI ELECTRIC CO., LTD.
山西省永济市电机大街18号
NO.18 DIANJI ST.YONGJI,SHANXI,CHINA
T:+86-359-8075162
F:+86-359-8075290

轩博 XUANBO

河北轩博液压机电设备有限公司

产品展示

走道板

走道板支架

始发托架

始发托架

反力架

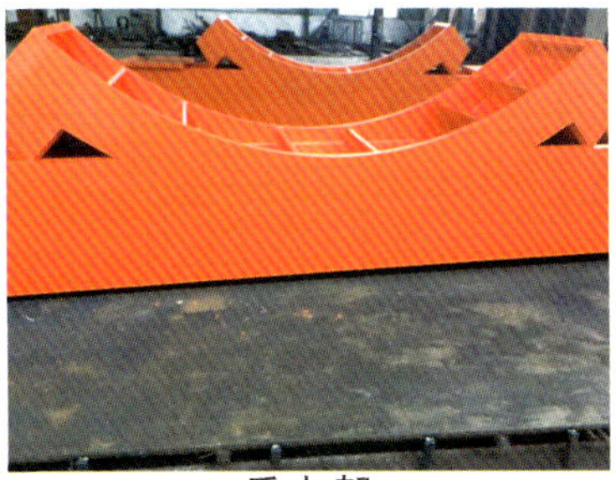
反力架

轨枕

轨枕

预埋钢环

推进油缸

推进油缸

推进油缸

推进油缸

小松推进油缸

荷叶板

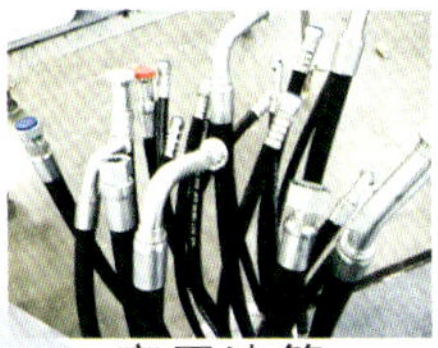
高压油管

液压千斤顶

冷却器

液压站

中心回转

回转体

顾客第一　诚信至上

地址：河北省石家庄市正定县中山西路151号　电话：18931994829

优越品质

走向四方

甘肃四方机车有限公司成立于2016年7月，坐落于古丝绸之路和新亚欧大路桥的必经之路—陇西。我们是一家设备齐全、实力雄厚的机车制造公司，主要产品：蓄电池工矿机车、锂电池工矿机车、超级电容工矿机车、砂浆车、渣土车、管片车、载人车等水平运输设备。公司现有职工100多人，其中各类专业技术人员20余人，占职工总人数的20%，厂区占地面积30000m²，资产总额5000万元，月生产能力950万元，年销售额在1.2亿元左右。

经营范围：主要从事轨道交通装备、隧道施工运输设备、工程机械新能源装备的设计制造、检修及配件销售。

硬件实力：拥有西北最先进的大型喷砂设备、喷漆房及大型龙门数控切割机、辊板机、大型钻床等多种专业设备30余台套。公司已通过ISO 9001：2015认证。

生产设备规格说明：公司目前能够提供适应适用于煤碳、冶金、矿山、森林、铁道、公路、地铁隧道建设等其他行业的窄轨铁路地面的非防爆场所的运输牵引等多种工况环境的配套设备，机车黏着重量由6～85t多种规格的铅酸蓄电池机车、锂电池机车、超级电容机车；渣土车分体式设计，具有偏心轴与副勾侧翻两种翻渣方式，底盘带有锥斗方便定位；砂浆车（及砂浆罐）整体式设计，具有良好的搅拌系统、出浆系统及自动润滑系统；混凝土罐≤10m³带有良好的搅拌系统；管片车及旋转管片车整体式设计，具有良好的减震及制动装置，平板车整体结构为框架式，承载能力大，转向灵活；载人车规格8～24座等多种设备。规格表如下：

名称	规格	重载爬坡度	30‰牵引力	行走结构	轨距（mm）
机车	6～85t	30‰	30～425t	<65t两轴驱动 65～70t三轴驱动，带一个转向架 70～85t四轴驱动，带两个转向架	680～1200
渣土车	3～35m³	/	/	15m³及以上含转向架	
砂浆车	2.5～15m³	/	/	一组轮对，不含转向架	
砂浆罐	2.5～15m³	/	/	/	
管片车	5～30t	/	/	一组轮对，不含转向架	
平板车	3～90t	/	/	35t及以上含转向架	
载人车	8～24座	/	/	视工况定	

服务客户

甘肃四方机车有限公司在连续大跨步的蓬勃发展中，打造了一个生命力强劲的SIFANG LOCOMOTIVE品牌，始终以打造在轨道交通装备行业具有核心竞争力的名族工业品牌为终极目标，全心服务，把质量和诚信作为企业生命，在不断的开拓进取中，公司步履稳健的迈入国际市场，产品已出口新加坡、印度、泰国、台湾等国家，并受到了国内外客户的一致好评，与国内外用户携手共创世界盾构掘进运输设备产业的崭新时代。

地址：中国　甘肃省定西市陇西县东兴北路北侧
电话：0931-7619348　　传真：0931-7619348
联系人：陈耀虎　　联系电话：13519685198
网址：http://www.4fjc.com

郑州瑞申机器制造有限公司成立于2004年，凭着丰富的生产经验和一支创新的技术团队，专业生产销售工业软管泵（挤压泵、蠕动泵）、豆砾石输送机、混凝土喷射机（喷浆机,喷砼机)、混凝土湿喷机、混凝土喷射泵、高压注浆泵（灌浆机、灰浆泵）、制浆机、搅拌机等工程设备。

瑞申RH型工业软管泵已形成一个非常完整的产品系列，型号数十种，最高工作压力达到1.6MPa，排量范围0.1-50m³/h。可用于输送砂浆、膨润土、泡沫、矿浆以及各种黏稠液体。主要应用于隧道（盾构）、建筑、化学工业、防爆场合等领域。

郑州瑞申机器制造有限公司

地址：河南省郑州市惠济区绿源路9号
电话：0371-6777 0198（销售）
　　　0371-6777 0022（技术）
传真：0371-6777 0031
Q Q：282415151
网址：www.zzruishen.com
邮箱：info@risencrete.com

湖北博腾新材料有限公司，创建于2006年，地处楚文化中心——荆州，主要从事金属制品、化工产品及新型材料的研发、生产与销售。公司生产及代理的产品具有行业领先水平，已通过ISO9001:2008质量管理体系认证。

公司拥有国际先进的生产流水线，具有年产泡沫剂25000吨、盾尾密封油脂8000吨、堵固胶20万方、聚氨酯密封胶1000吨的年生产能力以及从事各类高分子分散剂、软化剂的研发生产。

我公司产品广泛应用于北京地铁、成都地铁、南宁地铁等20多个城市60多个地铁建设项目，产品质量稳定、信誉优良，获得客户的一致好评。

HUBEI BOTTON
湖 北 博 腾

湖北博腾新材料有限公司
HUBEI BOTTON ADVANCED MATERIALS COMPANY LIMITED

公司地址：湖北省公安县孱陵大道
电 话：0716-5152349　**传 真：**0716-5159008
武汉经营处
电 话：027-87866680　**传 真：**027-87866672
邮 箱：botton484@126.com
公司网址：www.botton.net.cn

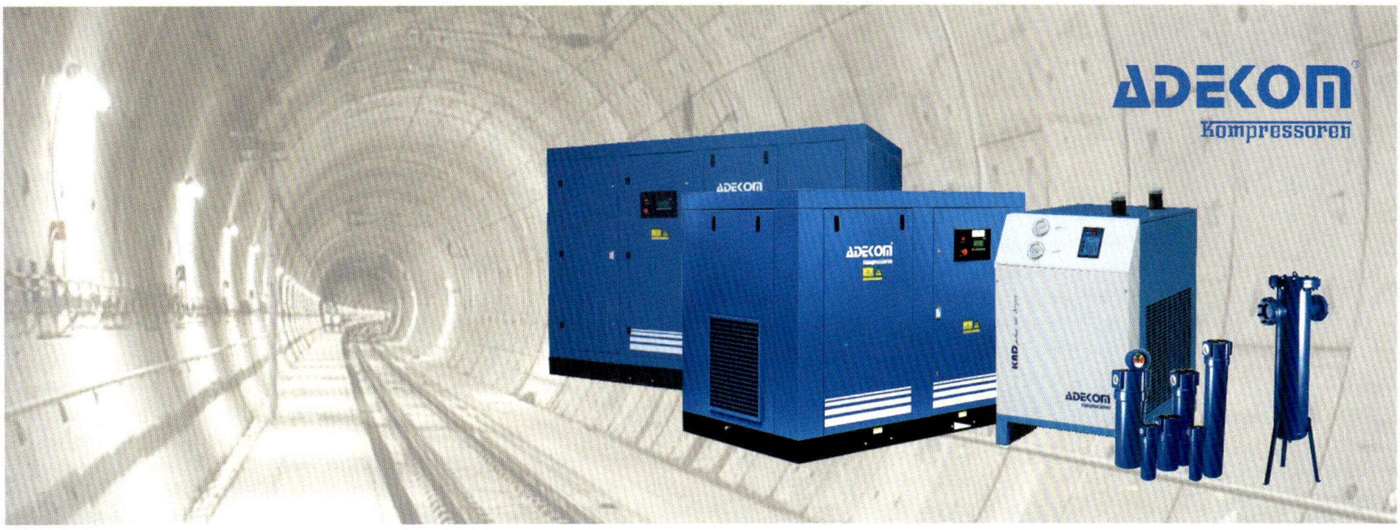
ADEKOM
Kompressoren

诚铸品牌 德报社会

EFFICIENT DEVELOPMENT OF SCIENTIFIC AND TECHNOLOGICAL INNOVATION

科技创新 全球发展

注浆定向技术研究所

本单位是专业从事注浆施工的高新技术企业。

本单位有着50余年的注浆技术研究积累和工程施工经验，承担国家及省部级科研项目50余项，完成注浆技术咨询、技术服务、注浆工程施工项目100余项，获得包括全国科技大会奖、国家科技进步特等奖、省部级科技进步特等奖在内的各类奖励30余项，其中获得国家科技进步奖4项，行业特等奖5项，起草和制定行业标准4项，拥有发明专利20余项。

本单位先后承担了广州市轨道交通十四号线一期及新广从路快速化改造工程（黄石路~街口）施工1标土建工程姓钟围房屋群水平定向钻孔预注浆加固工程、大瑞铁路工程项目经理部2#竖井井筒加固注浆工程等隧道注浆工程。

本单位在2001年通过ISO9000质量管理体系认证，在2015年通过ISO14001环境管理体系和OHSAS18001职业健康安全体系认证。

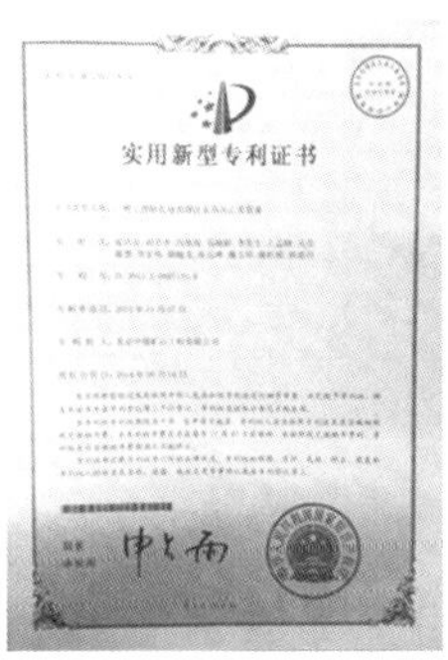

“广州地铁姓钟围房屋群注浆加固工程”是应用注浆定向技术研究所新开发的软土层水平钻孔阀管注浆技术，采用自行研制的TDX-150型斜井钻机和水力坐封止浆塞（专利号：ZL 2013 2 0217629.2）对广州地铁14号线姓钟围房屋群B17~B19建筑群利用水平定向钻孔技术进行的注浆加固工程。

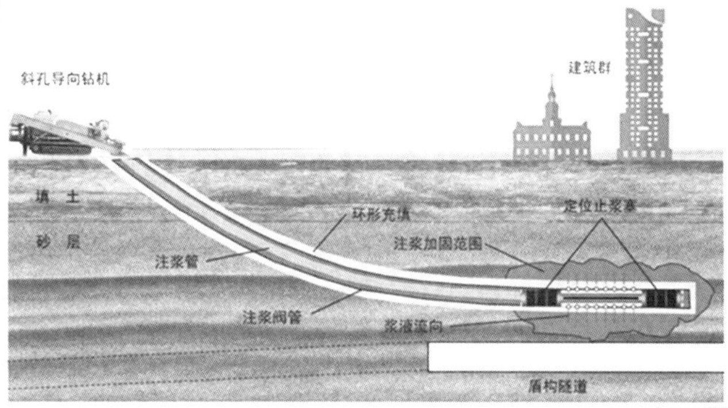

本单位坚持科研与工程施工并举，多年来凭借先进的技术优势，为矿山、市政、铁路等水害治理、不稳定地层治理等提供一流的技术、一流的产品和一流的服务。

我们的宗旨是：以高科技、高质量、高效率服务于海内外客户。

公司名称：北京中煤矿山工程有限公司注浆定向研究所

公司地址：北京市朝阳区和平里青年沟路5号

联系人：高晓耕　　联系电话：13466333493

联系人：刘书杰　　联系电话：13681342073

E-mail：grouting@263.net

明洁隧道

洛阳九久科技股份有限公司
LUOYANG JIUJIU TECHNOLOGY CO.,LTD
九久科技——
为您提供盾构（TBM）、工程钻机等破岩刀具
从设计、制造到服务的一站式解决方案
九久科技——
您身边的破岩刀具专家
九久科技公众号
九久科技网站
地址：河南省洛阳市高新区丰润东路139号
电话：0379-65196583 65196588
传真：0379-65196584
网址：www.lyjj.com
邮箱：luoyang-jj@qq.com

创富科技
TRIUMPH
TECHNOLOGY
盾构TBM施工与健康管理云平台
大数据采集
传输、存储、计算
可视化展示
辅助风险管理
智能维保
移动应用
组态化模块定制
满足企业个性需求
盾构施工VR呈现
实时动态的
三图一表
地址：西安市高新区丈八一路1号汇鑫IBC-A座13层
总机：029-88277962
传真：029-88277962-828
http://www.xacf.com
联系人：魏淑妮
电话：18710933428

SMS
MEER

斯凯孚（中国）有限公司
地　　址：上海市黄浦区半淞园路 377 号
电　　话：021 －53068866
传　　真：021 －63617855
网　　址：www. skf. com. cn
主营业务：轴承

自 1907 年以来，SKF 作为领先的技术供应商，一直不断研发新技术的强大实力，并利用他们的技术为客户提供具有竞争力的优势产品。

通过结合在 40 多个行业的实际经验，以及在 SKF 技术平台的专业知识，公司实现了这一目标。这五个技术平台是轴承及轴承单元、密封件、机电一体化、服务和润滑系统。

如今 SKF 技术研发的重点是在公司自身及客户的运营中减少资产生命周期对环境的影响。

西门子（中国）有限公司
地　　址：北京市朝阳区望京中环南路 7 号
电　　话：010 －64719990
传　　真：010 －64719991
网　　址：www. siemens. com
主营业务：PLC、**变压器、变频器及电气控制系统**

西门子致力于引领技术发展的潮流，专注于通过他们的技术为客户及其他利益相关群体带来切实利益，推动可持续发展。

多年来，西门子不断加大其在华的研发力度，中国已经发展成为西门子全球重要的研发基地。截至 2017 年，西门子在中国拥有 21 个研发中心，超过 4500 名研发和工程人员，以及大约 12000 项有效专利及专利申请。顶尖的研究人员在西门子设在北京、上海、苏州、南京、武汉、无锡、青岛和成都等地的世界一流的创新实验室里工作，为中国的“自主创新”作贡献。

伊顿（中国）投资有限公司
地　　址：上海市长宁区临虹路 280 弄 3 号楼
电　　话：021 －52000099
网　　址：www. eaton. com. cn
主营业务：电气控制系统

伊顿公司于 1993 年进入中国市场并设立首家合资企业，此后通过并购、合资和独资的形式迅速发展在中国的业务。2004 年，公司亚太区总部从香港搬到上海。2009 年，公司位于上海市长宁区的新亚太区总部大楼正式落成启动。

今天，伊顿公司旗下所有业务都已在中国制造产品，包括不间断电源系统、中压开关面板、开关设备、真空断路器、装配器、电气自动化系统、汽车空调、电源操控、软硬管道装配器、离合器和刹车、引擎阀、液压机、变速器、液压软管装配器和适配器、导向控制阀门、叶轮泵以及电源系统等。

萨姆森控制设备（中国）有限公司
地　　址：北京经济技术开发区永昌南路 11 号
电　　话：010 －67803011
传　　真：010 －67803196
网　　址：www. samsonchina. com
主营业务：人闸压力控制系统

萨姆森控制设备（中国）有限公司是 SAMSON AG 在中国注册投资的全资子公司。SAMSON 产品在 20 世纪 80 年代进入中国，1998 年 5 月萨姆森控制设备（中国）有限公司在北京经济技术开发区成立。萨姆森（中国）拥有实力强大的售后服务队伍。售后工程师遍布各地，他们都具备德国认可的资质，并拥有 5 年以上的服务经验，具有与国际同步的技术水平。将零部件储备延伸到用户的身边，在上海和南京的维修中心存有 3 万个以上的零件，在北京库房存有货值 5 百万欧元以上的零部件，专业的人员、齐全的设备和充足的场地，可以最大限度地满足用户的需求。

阿特拉斯科普柯（中国）矿山与建筑设备贸易有限公司

地　　址：江苏南京市经济技术开发区恒达路1号

电　　话：025－86967870

传　　真：025－86967860

网　　址：www.atlascopco.com.cn

主营业务：空压机

阿特拉斯科普柯（中国）矿山与建筑设备贸易有限公司的前身为阿特拉斯·科普柯（上海）贸易有限公司矿山与岩石开挖技术部。为更好地满足中国矿山与建筑市场的客户需求，阿特拉斯·科普柯集团于2015年1月在南京成立阿特拉斯科普柯（中国）矿山与建筑设备贸易有限公司，以期为中国矿山与建筑市场提供更好的服务。公司通过全球化网络提供钻孔和岩石开挖设备、各种相关消耗品和服务。为露天和地下采矿、基础设施、土建工程、水井钻进和岩土工程应用提供可持续生产力。

英格索兰（中国）投资有限公司

地　　址：上海市仙霞路99号尚嘉中心8－12楼

电　　话：021－22215000

网　　址：www.irco.com.cn

主营业务：空压机、注脂系统

英格索兰是中国改革开放后最早进入中国的外资企业之一，也是首个将螺杆机技术引进中国的外资企业。自1922年在中国开展业务以来，英格索兰始终致力于与中国的供应商、制造商和客户建立长期的合作伙伴关系，并通过直接投资、引进新产品和新技术等方式，不断拓展其参与中国经济活动的深度与广度，为中国的工业和经济发展作出了重大贡献。

目前，英格索兰在中国拥有1个投资公司、2个贸易公司、8个生产制造基地、1个全球工程技术中心，业务遍及全国42个城市，拥有员工5000余名，中国的运营包括六大战略业务部门，即亚太及印度暖通空调与运输、压缩空气系统与服务、动力工具、流体管理与物料吊装、Club Car。

上海优耐特斯压缩机有限公司

地　　址：上海南翔工业区嘉美路201号

电　　话：021－69172876

传　　真：021－69176655

网　　址：sunc.compressor.cn

主营业务：空压机

上海优耐特斯压缩机有限公司创建于2002年初，是国内专业生产双螺杆式空气压缩机的大型生产制造企业，同时也是提供空气系统解决方案的重要供应商。

公司可为用户提供UD系列15～450kW、流量在1～80m^3/min的风冷、水冷式螺杆空压机多个型号及类别供用户选择，也可提供变频螺杆式空压机和螺杆式氯乙烯压缩机，并可提供空压机站的全套施工方案，且具备设计制造、用户培训、服务支持和主机大修等整套服务项目的能力，公司在全国各大城市设立30多家分支机构与经销商销售和服务队伍，将全面满足用户需求。

巴鲁夫自动化（上海）有限公司

地　　址：上海市浦东新区成山路800号云顶国际商业广场A座8层

电　　话：4008200016

传　　真：4009202622

网　　址：www.balluff.com.cn

主营业务：各类传感器

巴鲁夫作为一家中型企业，成立于毗邻斯图加特市的诺伊豪森，经过家族四代人的经营，已发展成为面向全球的领先跨国集团。企业富有悠久传统，多年来建立了良好的客户关系，同时也是客户眼中重要的创新合作伙伴与市场先驱。巴鲁夫很早便向国际市场敞开了大门。20世纪80年代初期直至后来很长的一段时间内，巴鲁夫是巴西第一家及唯一一家从事自主生产的传感器制造商。如今巴鲁夫不再仅仅位于诺伊豪森，而是遍布欧洲、亚洲、北美、南美和其他所有的重要市场，这能够更好地理解并服务我们的客户。我们为客户提供所有自动化领域的高品质传感器、识别及网络解决方案。

施耐德电气（中国）有限公司

地　　址：北京市朝阳区望京东路6号施耐德电气大厦

电　　话： 010－84346699

传　　真： 010－65037402

网　　址： www. schneider－electric. cn

主营业务：变频器、电气控制系统

作为全球能效管理和自动化领域的专家，三十年来施耐德电气致力于行业变革，是中国经济快速发展的见证者和贡献者。展望未来，我们将引领数字化转型，在更加电气化和数字化、低碳化、分散化的物联网时代，通过提供互联互通的技术和解决方案，助力产业优化，改善城市生态，丰富人们的生活，让每一个人随时随地尽享能效之利。同时，积极履行社会责任，回馈社会，推动中国的绿色可持续发展。

ABB（中国）有限公司

地　　址：北京市朝阳区酒仙桥路10号恒通大厦

电　　话： 010－84566688

传　　真： 010－64231613

网　　址： new. abb. com/cn

主营业务：变频器、电气控制系统

ABB是全球电气产品、机器人及运动控制、工业自动化和电网领域的技术领导企业，致力于帮助电力、工业、交通和基础设施等行业客户提高业绩。基于超过125年的创新历史，ABB正在不断地推动能源革命和第四次工业革命，谱写行业数字化的未来。ABB集团业务遍布全球100多个国家和地区，雇员达13.2万。ABB在中国拥有研发、制造、销售和工程服务等全方位的业务活动，40家本地企业，1.7万名员工遍布于139个城市，线上和线下渠道覆盖全国300多个城市。

杨凌CBE隧道模具有限公司

地　　址：陕西省杨凌示范区城南路火炬创业园

电　　话： 029－87071775

传　　真： 029－87071777

网　　址： www. cbejt. com

主营业务：隧道管片模具

CBE集团总部位于法国中部城市——图尔市(Tour)，系全球唯一一家专业化生产隧道管片模具及其配套设备的品牌工业企业。附着式振动器模具、全自动化构件厂、真空吸盘吊具都是由CBE集团独创。拥有多项世界级技术专利，受到全球业内企业认可，并于2009年在中国西安附近的杨凌特区建设了法国独资工厂——CBE中国工厂，即杨凌CBE隧道模具有限公司。2009年至今已经在华中标了120个模具项目，数十座自动化工厂，完成了750多套模具生产，总计制造了4670多块钢模具。目前中国在建地铁的35座城市，有24座城市地铁隧道采用CBE钢模具。工程质量全部达标。产品同时出口到越南、印度、新加坡、中国香港、马来西亚等50多个国家和地区。

上海隧道工程股份有限公司

地　　址：上海市宛平南路1099号

电　　话： 021－58301000

传　　真： 021－58307000

网　　址： www. stec. net

主营业务：盾构机

作为连续15年排名中国市政企业榜首的国企集团、中国市政学会理事长单位和全球EPC市场公认的城市基础设施建设运营综合服务商，隧道股份的产业覆盖隧道、轨道交通、道路桥梁、建筑与房地产、水务、能源、地下空间、重大装备及绿色材料九大板块，凭借科技领先战略，上海隧道股份始终保持领先行业3～5年的技术优势，确保为每个项目提供高效前瞻的个性化解决方案。公司科研机构等级、实力和科研投入占比位居同行业前列。

北京首钢机电有限公司

地　　址：北京市石景山区老山东里

电　　话：010－88297134

传　　真：010－88297135

主营业务：盾构机制造

北京首钢机电有限公司始建于1986年，是隶属于首钢集团的法人子公司。公司下设机电成套设备分公司（北京首钢机电有限公司销售公司）、设计研究院、机械厂、重型机器分公司、电机厂、液压中心等，职工总数1725人，工程技术人员355人，固定资产总值8亿元。

公司以大型冶金中高端设备制造为主导产品，其中，与德国海瑞克公司合作，能够生产制造用于地铁建设的盾构机项目，拥有成熟制造技术，并创造了良好的市场业绩，现具备年生产制造20台的能力。同时，与法国CBE公司合作的管片模具项目，也创造了较好市场业绩。

蚌埠市行星工程机械有限公司

地　　址：蚌埠市国家级高新区中粮大道1206号

电　　话：0552－4955055

传　　真：0552－4950218

网　　址：www.bbxxcm.com

主营业务：盾构主驱动减速机、推进油缸、铰接油缸等的全新产品及再制造

蚌埠市行星工程机械有限公司是一个创建于2002年的民营高新技术企业，注册资金2000万元，公司是工程机械核心零部件制造行业的标杆企业，主要从事研发、设计、制造、经营工程机械减速机、液压油缸等，广泛用于矿山机械、风力发电设备、盾构行业等众多领域。

公司致力于盾构机核心零部件的国产化研发及产业化，公司凭借盾构机核心零部件的研发制造基础，形成了先进的盾构机核心零部件的再制造技术工艺，2016年被工业和信息化部认定为“机电产品再制造试点单位”。

沧州市华油飞达固控设备有限公司

地　　址：河北省沧州经济开发区新华园区

电　　话：0317－3051833

传　　真：0317－ 3051835

网　　址：www.fdpetrol.com

主营业务：制造及维修石油固控设备

沧州市华油飞达固控设备有限公司是生产石油设备的专业厂家，也是中石油、中石化、中海油为出国钻机生产配套高标准野营房、离心机、振动筛、剪切泵、砂泵、泥水回收系统等设备的定点厂家。

公司现有员工412人，设计研发技术力量雄厚，其中中高级技术员18人。公司先后与长江大学、石油大学、中国环境科学研究院等多家院校和科研单位合作，不断研发出符合客户和市场需求的新产品。如第一台国产油田用离心机、甩干机均产自我司。近年来，企业生产的泥水回收系统、各种泵类进入了盾构行业，得到了众多用户的认可。

成都合瑞达机电设备有限公司

地　　址：成都市金牛区金牛坝路4号数码港五金机电城10栋2号

电　　话：028－64600099

网　　址：shop1486709752109.1688.com/page/creditdetail.htm

主营业务：盾构机润滑油脂及盾构配件

成都合瑞达机电设备有限公司是专门为客户提供盾构机润滑油脂、盾构机及其附属设备零配件销售等服务的专业公司。公司依托海瑞克、铁建重工、中铁装备拥有一支勤奋上进的队伍，为客户提供专业有效的支持和服务。

公司是纳克（纳拓）公司工业润滑产品的主要代理商之一。公司立足重庆、成都面向全国，先后与中铁隧道集团、中铁四局、中铁八局、中铁十六局、中铁工程装备公司、重庆建工集团、中国电建等大型国有施工企业建立了长期的合作关系。

洛阳特重轴承有限公司

地　　址：河南省洛阳市高新区东马沟工业园

电　　话：0379－62921300

传　　真：0379－64295768

网　　址：www. ltzzc. com

主营业务：轴承

公司始建于1992年，于1996年改制独立成立洛阳特重轴承有限公司，该公司是专业制造特大型轴承的国家高新技术企业。产品主要类型是转盘轴承、非标精密轴承、轧机轴承。

公司产品主要应用于盾构、工程机械、港口、冶金、电力、国防科研、风力发电、矿山、石化、机床、医疗等设备配套

淄博火炬能源有限责任公司

地　　址：山东淄博市张店区南定镇南罗路19号

电　　话：0533－2276488

传　　真：0533－2980127

网　　址：www. torchbat. com. cn

主营业务：蓄电池

淄博火炬能源有限责任公司（国营第四八一厂）创建于1944年1月，是中国船舶重工集团公司全资子公司。公司多年来致力于为国防建设提供服务，是我国潜艇、航母及水面舰艇用铅酸蓄电池的定点生产企业。

公司依托军工技术，大力拓展民品领域，现具备年生产600万kVAH各类铅酸蓄电池的能力。目前，"火炬"牌牵引用、固定用、电动车用铅酸蓄电池及锂离子动力电池广泛应用于国防、科研、铁路、电力等领域，远销欧、美等多个国家。公司产品先后两次获得国家蓄电池行业最高奖——国家银质奖。

南通盘天新材料有限公司

地　　址：南通启东市滨海工业园区黄海路45号

电　　话：13646294561

传　　真：0513－83921099

主营业务：盾尾油脂、泡沫剂

南通盘天新材料有限公司是一家富有活力的公司，其提供的产品已成为盾构隧道工程材料领域和特种润滑领域的一流供应商。公司将立足绿色材料、绿色途径、绿色经济，同时依托以往优势代理引进国外先进环保节能技术，努力成为下一波环保产业革命的前驱者，成为传统材料的替代者。公司两个品牌两个战略：罗瑞斯润滑将致力于隧道防水工程领域技术研究和产品提供及工业企业润滑技术研究和产品提供，霍盾新能源将致力于新型密封材料、特种润滑材料、特殊设备润滑技术、特殊应用场合润滑解决方案领域等。目前我们每年为300多家不同行业客户提供服务。

沈阳鑫山盟建材有限公司

地　　址：沈阳市沈河区奉天街419号格林豪森A座15楼

电　　话：024－82914557

传　　真：024－82914557－816

网　　址：www. sysam－tech. com

主营业务：盾尾油脂、泡沫剂

沈阳鑫山盟建材有限公司，为专业经营研发地下工程建筑建材系列产品和相关工程解决方案的专业性公司。公司集研发、生产、供应、技术服务及咨询于一体，为地下工程等项目建材的供应与应用提供整体解决方案。公司目前主营业务有盾构施工用泡沫剂、油脂、聚合物及地下工程领域防水堵漏新型材料的研制与销售。

烟台宏远氧业有限公司

地　　址：山东省烟台市芝罘区车山路6号
电　　话：0535－2114086
传　　真：0535－2114086
网　　址：www.yangcang.com
主营业务：人闸与气压过渡舱

国内首台盾构气压过渡舱是由我公司研发并试制成功的。公司先后给国内的主要盾构机生产企业进行配套并联合研发新产品。近十年来生产了上千台套气压过渡舱产品，并出口到美国、加拿大、新加坡、印度、马来西亚、日本、土耳其、伊朗等国家，产品质量得到行业的肯定和好评，目前市场占有率超过98%。与此同时，公司还积极配合相关主机厂的产品研发工作，并重视气压过渡舱产品的技术创新和质量提升，不断提高产品的安全性和可靠性。目前拥有盾构气压过渡舱产品的多个专利新技术，也是在行业中唯一拥有经备案批准的企业标准的企业，为我国重大装备制造水平的提升做出了一定地贡献。

四川化建机电有限公司（巴斯夫全国代理）

地　　址：四川省成都市武侯区龙腾东路2号518室
联 系 人：金海生
手　　机：13308094166/15802822481
电　　话：02885558198
邮　　箱：sc_huajian@126.com
主营业务：泡沫剂、盾尾油脂、主轴油脂、分散剂、聚合物

四川化建机电有限公司致力于提供“糊刀”“喷涌”，隧道修复等地下工程解决方案、专业技术咨询等服务。

武汉江钻恒立工程钻具股份有限公司

地　　址：武汉市东湖新技术开发区财富二路五号
电　　话：027－59723101
传　　真：027－59723100
网　　址：www.hltools.cn
主营业务：各种盾构、TBM、顶管刀具

武汉江钻恒立工程钻具股份有限公司前身系由中石化石油机械股份有限公司投资成立的子公司（武汉江钻工程钻具有限责任公司）。公司专业从事各类工程破岩钻具的研发、制造、销售及服务。

公司主营业务包括各种盾构、TBM、顶管刀具，水平定向穿越钻具（扩孔器、导向钻头、扶正器、短节等）、垂直扩孔钻头，桩基破岩滚刀、钻头、截齿，潜孔钻具（冲击器、钻头、钎头、钻杆等）。公司产品广泛应用于国内外地铁、公路铁路隧道、引水隧洞、城市综合管廊、油气管线、桩基开挖、矿山开采等工程。

中船重工（青岛）轨道交通装备有限公司

地　　址：青岛高新技术产业开发区春阳路以北规划东22号线以东
电　　话：0532－58828358
传　　真：0532－58828358
网　　址：www.csic－tbm.com.cn
主营业务：隧道掘进机

中船重工（青岛）轨道交通装备有限公司成立于2011年2月，是全面贯彻中船重工集团“强力发展非船产业”的指导思想，由中船重工集团公司北海船厂、704研究所、713研究所共同出资创立的“国家高新技术企业”，公司主营范围涵盖隧道掘进机、轨道交通装备等，是中船重工集团内唯一一家专业隧道掘进机生产企业。公司目前有企业员工300余人，专业技术人员80余人，是以设计、制造、组装、服务于一体的高端装备制造企业。目前公司建设占地150亩，具备年生产45台隧道掘进机的生产能力。

北京金隅砂浆有限公司

地　　址：中国北京市房山区窦店镇亚新路17号（金隅窦店科技产业园）

电　　话：4006198859

传　　真：010－80307306

网　　址：www.bbmg－m.com.cn

主营业务：生产干混砂浆

北京金隅砂浆有限公司是北京金隅股份有限公司全资子公司。北京金隅股份有限公司是拥有水泥及商品混凝土、房地产开发、新型建材制造、现代服务业为一体的大型综合性产业集团，多年来一直跻身于中国企业500强和世界建材百强企业行列。

公司成立于1982年，是北京市建筑材料科学研究院在预拌砂浆专业领域近30年的科技成果孵化的高新技术企业。多年来，一直致力于推动中国预拌砂浆行业的发展，已成为中国预拌砂浆行业龙头企业和预拌砂浆行业技术依托单位。

北京市北方永定工贸有限责任公司

地　　址：北京市丰台区长辛店东山坡三里丙43号

电　　话：010－83867812

传　　真：010－83867812

网　　址：www.bfydcn.com

主营业务：浆液搅拌设备

北京市北方永定工贸有限责任公司成立于20世纪90年代，是设计制造混凝土搅拌站和盾构隧道施工配套浆液搅拌设备的民营骨干企业。公司以北京北方车辆集团公司为依托，技术力量雄厚，拥有配套齐全的机械加工设备和完善的检测手段。

公司始终坚持以科技为先导，不断吸收国内外先进技术和工艺，研制开发出了新一代的地铁盾构同步注浆BF系列CMM500型、CMM750型、CMM1000型、CMM2000型、CMM3000型立式单轴砂浆搅拌机和具有国内领先水平的BF-CMM500、BF-CMM750、BF-CMM1000、BF-CMM2000、BF-CMM3000型搅拌站。

广州机械科学研究院有限公司

地　　址：广州市黄埔区科学城新瑞路2号

电　　话：020－32387329

传　　真：020－32389648

网　　址：www.gti-oil.com

主营业务：设备润滑状态监测

“广研检测”是广州机械科学研究院有限公司“设备润滑与检测研究所”的简称，在全国拥有“广州检测中心”、“山东检测中心”、“新疆检测中心”三个专业检测中心，是目前国内专门从事“油品质量检验评定、设备润滑状态监测、设备可靠性状态监测、设备故障诊断、油液在线监测开发、设备润滑管理咨询”综合实力最强的第三方技术服务机构。

济南重工股份有限公司

地　　址：山东省济南市东郊机场路

电　　话：0531－86139291

传　　真：0531－88288246

网　　址：www.jizg.com

主营业务：盾构机

济南重工股份有限公司是济南重型机器厂进行改制后的股份制企业，成立于1999年，占地面积410000m^2，现有职工2500人，总资产8亿元，是一家集科研、生产、配套安装和技术咨询服务于一体的国家大型二类装备制造企业，是山东省最大的通用机电产品生产企业，是电力部认定和推荐的钢球磨煤机生产制造厂，是原国家机械工业局认定的矿山设备定点生产厂家之一。公司拥有雄厚的加工制造能力，在华东地区名列首位。公司下设机械加工、钢结构、铆焊等专业生产厂。

淮安市中球盾构技术服务有限公司

地　　址：淮阴区国际农贸城 C5 幢 303 室

电　　话：0517－84518259

传　　真：0517－84518259

网　　址：www. zqtbmtc. com

主营业务：专业钢套筒（盾构始发接收装置）

淮安市中球盾构技术服务有限公司成立于2013年，建设占地 6000m^2，公司目前有员工 400 余人，技术人员 20 余人；是一家专业从事钢套筒设计、加工、安装、解体、技术服务等全方位服务于一体的供应商。

上海蓝昊电气有限公司

地　　址：上海市淮海中路 1045 号淮海国际广场 1903 室

电　　话：021－54960492

传　　真：021－64320005

网　　址：www. cnlhe. com

主营业务：盾构机、TBM、凿岩台车等设备用耐高低温高压拖拽供电电缆，盾构机配套卷盘电缆

上海蓝昊电气有限公司系中国高端特种电缆研发制造高新技术企业，已经形成了矿山，油井，港口机械，隧道掘进，铁路机车用高压，低压，固定敷设，移动等各类电缆完整的产业链。

南昌力通岩土工程设备有限公司

地　　址：南昌市望城开发区物华路 299 号

电　　话：0791－83771666

传　　真：0791－83771668

网　　址：www. nclitong. com

主营业务：各类刀具

南昌力通岩土工程设备有限公司是集科研、设计、生产、经营于一体的民营高科技企业。公司已通过 ISO 9001 质量管理体系以及 CE 认证。目前主营业务有全系列地铁盾构机盾构刀具、TBM 硬岩掘进机刀具、顶管机刀具、矿用刀具、旋挖钻机刀具、各类掘进机刀箱、齿轮箱等工程设备产品，广泛应用于隧道、地铁、矿山、水利工程等行业。产品畅销二十多个省、市、自治区，并进入欧洲、澳洲、美洲、印度、新加坡、马来西亚等国外市场，获得客户的高度认可，同时拥有顶尖的技术人才，专业的售后服务团队，针对盾构机刀盘、TBM 机刀盘、顶管机刀盘及各类刀具进行售后维修服务。

成都万丰友和劳务有限公司

地　　址：成都高新区新光路 32 号 1 层

电　　话：13311557825

主营业务：建筑劳务分包

成都万丰友和劳务有限公司成立于 2016 年 11 月 9 日，是一家以提供专业技术服务的劳务有限公司。公司的主要服务内容有盾构施工的劳务配合、市政道路施工及铁路、公路、地铁的施工建设等。公司与中铁三局、中建交通、太平洋建设、大元建业等公司都有良好的业务合作。

近年盾构劳务业绩有中铁三局沈阳地铁一号线、中建交通佛山新型公交系统试验段、中建交通长春地铁二号线、中铁二十二局成都地铁五号线 12 标等。

企业名录部分

中国盾构产业发展趋势分析

1. 盾构机应用领域发展趋势

盾构技术的历史，始于英国，发展于日本、德国，飞速跨越发展于中国。盾构的原理在 1806 年由英国人 Marc Isambrd Brunel 提出。自 1825 年，他在伦敦泰晤士河下用高 6.8m、宽 11.4m 的矩形盾构修建第一条盾构法隧道以来，已有近 200 年的历史。盾构法以其安全、环保、快速、性价比高等特点已成为隧道施工的首选工法，目前国内广泛应用于城市轨道交通、地下综合管廊、地下道路、地下停车场等城市地下空间建设，公路、铁路隧道工程建设，过江隧道、引水隧洞工程及军事防护工程建设等。

（1）城市轨道交通建设

《全国城市市政基础设施建设“十三五”规划纲要》中指出：促进居民出行高效便捷，充分发挥城市轨道交通在城市公共交通中的骨干作用，超大城市和特大城市应积极建设城市轨道网络，优先轨道交通功能层次；符合条件的大城市，应当结合城市发展和交通需求，因地制宜地建设城市轨道交通系统，构建覆盖主客流走廊的城市轨道交通骨架。500 万人口以上特大、超大城市，加大轨道交通网络覆盖率，300 万～500 万人Ⅰ型大城市加快建设城市轨道交通骨干网络，100 万～300 万人Ⅱ型大城市积极推进轻轨等城市轨道交通系统建设，共新增城市轨道交通运营里程 3000km 以上。

据统计，截至 2017 年年底，中国大陆包括北京、上海、广州等 35 座城市开通运营轨道交通线路，共计 169 条，总里程高达 5082.83km，车站 3268 座，包括地铁、轻轨、单轨、快轨、城际铁路（地铁模式建设）、有轨电车、轻型单轨交通、磁悬浮等多种形式。截至 2017 年 6 月，已有 43 座城市的轨道交通建设规划获得批复，规划总里程约 9461.9km。世界主要发达城市人均城轨长度为 0.39km/万人，我国主要城市人均城轨长度为 0.12km/万人，其中北上广深人均城轨长度为 0.22km/万人，与各大国际城市平均水平仍有较大差距。各大国际城市城轨线路密度如图 1 所示。总的来看，我国城市轨道交通建设存在巨大的发展空间。

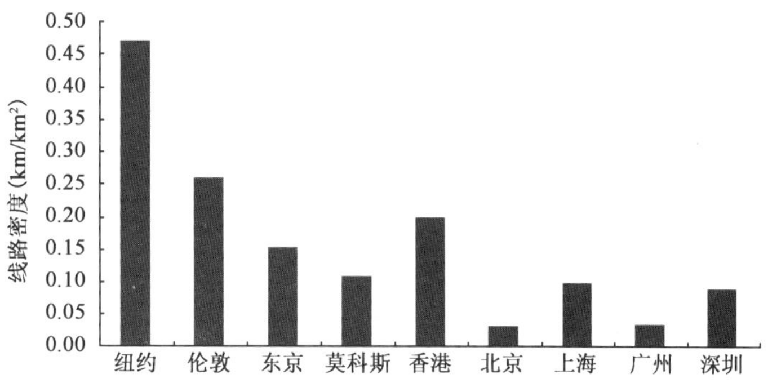

图 1　各大国际城市城轨线路密度

(2)城市地下综合管廊建设

城市地下综合管廊,又称共同沟,是指在城市地下用于集中敷设电力、通信、广播电视、给水、排水、热力、燃气等市政管线的公共隧道。经过一百多年的发展,其技术水平已经完全成熟,并成为了国外发达城市市政建设管理现代化的象征。我国正处于城镇化快速发展时期,城市地下基础设施建设滞后,常常造成反复开挖路面、架空线网密集、管线事故频发等问题。2015 年前,我国已建成的地下管廊不足 100km。2015 年,国务院办公厅发布的《国务院办公厅关于推进城市地下综合管廊建设的指导意见》(国办发〔2015〕61 号)指出,从 2015 年起,城市新区、各类园区、成片开发区域的新建道路要根据功能需求,同步建设地下综合管廊;老城区要结合旧城更新、道路改造、河道治理、地下空间开发等,因地制宜、统筹安排地下综合管廊建设。同时,住房和城乡建设部要求,用 3 年左右时间,在全国 36 座大中城市全面启动地下综合管廊试点工程。据住房和城乡建设部统计数据,截至 2016 年 12 月 20 日,全国 147 座城市 28 个县已累计开工建设城市地下综合管廊 2005km。

《全国城市市政基础设施建设"十三五"规划纲要》中也指出:有序开展综合管廊建设,合理布局综合管廊;"十三五"期间要结合道路建设与改造、新区建设、旧城更新、河道治理、轨道交通、地下空间开发等,建设干线、支线地下综合管廊 8000km 以上。如北京市将迎来地下综合管廊密集建设期,到 2020 年将建成综合管廊 150 ~ 200km,在北京城市副中心、冬奥会、世园会等重大项目建设中优先规划建设综合管廊。到 2035 年,全市地下综合管廊达到 450km,构建中心城骨干系统和重点区域系统。

随着人力成本、地面开挖造成的环境保护成本增加以及微型、异型盾构技术的日益成熟,越来越多的地下综合管廊建设会应用到盾构,尤其在城市建设成型的老城区,不便对道路进行"开膛破肚",将较大比例地采用盾构法施工。

(3)公路铁路隧道、过江隧道、水利隧洞建设

2016 年,国家发展的改革委员会、交通运输部联合印发《交通基础设施重大工程建设三年行动计划》中指出,"十三五"时期是交通基础设施重大工程建设的重要阶段,2016—2018 年拟重点推进铁路、公路、城市轨道交通等交通基建领域共 303 个项目,涉及项目总投资约 4.7 万亿元。

铁路建设要结合中长期铁路网规划修编和铁路"十三五"发展规划编制,完善国家高速铁路网络,提升中西部铁路通达通畅水平,加快推进城市群城际铁路建设。重点推进 86 个项目前期工作,新建改扩建线路约 2 万 km,涉及投资约 2 万亿元。

公路建设以"三大战略"区域通道内高速公路为重点,实施国家高速公路网升级路段建设和繁忙路段改扩建,推进普通国道体制提质升级和未贯通路段建设。重点推进 54 个项目前期工作,新建改扩建高速公路 6000km 以上,涉及投资约 5800 亿元。

我国东南地区水域网络复杂,近年来,为了提高城市交通的快速便捷性,更好促进地方经济发展,不少地方政府都有新的过江隧道规划。如上海市规划再建设 9 条黄浦江越江隧道,杭州规划建设 7 条钱塘江过江隧道,江苏省计划到 2030 年全省建成 21 条城市内部过江通道,都以隧道形式为主。

水利建设预计未来几年仍将高位运行。近年来,国家对水利建设高度重视,中央和地方两级政府在水利方面的投资不断加大。根据国务院、水利部统一部署,"十二五"末和"十三五"期间分步建设纳入规划的 172 项重大水利工程。截至 2017 年 7 月,172 项节水供水重大水利工程已有 109 项开工建设,在建投资规模超过 8000 亿元。陕西引汉济渭、安徽引江济淮、甘肃引洮供水二期、吉林省中部城市引松供水工程等一批重大项目陆续开工建设。

随着盾构技术的发展,过江隧道、饮水隧洞的修建将变得越来越具有性价比。公路隧道、铁路隧道随着岩石隧道掘进机 TBM 的进一步国产化,施工机械化程度将进一步提高。

(4)城市地下道路和地下空间建设

城市地下道路建设是发展地下交通、解决城市道路拥堵和噪声污染的方向及出路之一。巴黎、东京、新加坡、西雅图、波士顿等城市已经有了成功范例,东京地下高速公路的建设费用约为800亿日元,比地面高架式公路节约20% ~30%。北京在2005年就提出了《北京市城中心地区地下空间开发利用规划》,提出四纵两横地下快速路系统方案;上海、南京、无锡等地都已经开始或者建成了若干地下道路。另外,地下停车场等城市地下空间建设、地铁区间联络通道施工、出入口过街通道施工等,都在积极探索、试验采用盾构机或顶管机施工,进一步拓宽盾构施工领域。

(5)"一带一路"及海外市政基础设施建设

2017年5月,第一届"一带一路"国际合作高峰论坛在北京隆重举行,与会嘉宾重点围绕设施联通等"五通"问题展开了热烈讨论。"一带一路"辐射东盟、南亚、西亚、中亚、北非和欧洲,涉及65个国家和地区;丝绸之路经济带横跨亚欧大陆,将中亚地区、阿拉伯地区、欧洲和中国连接起来。在"一带一路"国际战略中,铁路、公路、地铁等交通运输是优先发展领域,泛亚铁路、中亚高铁、欧亚高铁、中俄加美高铁等世界级高铁,中老铁路、中巴铁路,印度、印度尼西亚、马来西亚、新加坡等东南亚国家的地铁建设,纵贯南美大陆的安第斯山脉隧道,连接太平洋及大西洋的"两洋铁路",穿越安第斯山的秘鲁"中央隧道",连接中国和尼泊尔穿越喜马拉雅山的铁路等隧道的修建都离不开盾构机(隧道掘进机)。

2. 中国盾构机设计及制造发展趋势

我国盾构技术的开发与应用始于1953年,2009年以前,中国盾构市场一直被国外品牌垄断,大约85%依赖进口,直至"十五"及"十一五"期间,国家将盾构列入"863"计划后,中国盾构装备水平和中国盾构施工技术才取得显著进步,目前国内盾构市场国产盾构份额稳占80%以上。

1953年,东北阜新煤矿首次用手掘式盾构机及混凝土预制块修建了直径2.6m的疏水巷道;1966年,由上海隧道工程设计院设计、江南造船厂制造了国内第一台直径10.22m网格挤压盾构机,用于上海打浦路越江隧道(中国第一条越江隧道)施工,揭开了中国盾构从无到有的历史,在此期间,中国致力于"造中国人自己的盾构"机。

2002年年底,国家"863"计划盾构项目正式进入实施阶段;2004年10月,中国首台具有完全自主知识产权,直径6.34m的土压平衡盾构机——"先行号"(图2),在上海地铁2号线西延伸段古北路站—中山公园站区间隧道始发掘进,一举打破了我国盾构长期被国外品牌垄断的历史。2005年7月,科技部又将泥水平衡盾构机列入"863"计划,对"大直径泥水盾构机的消化与吸收"课

图2 具有自主知识产权的"先行号"土压平衡盾构机

题进行立项研究。2008 年 4 月，首台国家“863”计划自主研发的复合式盾构机在中铁装备成功下线，并应用于天津地铁 3 号线营口道站—和平路站区间，实现了从“造中国人自己的盾构”到“造中国最好的盾构机”的跨越，中国盾构机从有到优。

2009 年 9 月，具有自主知识产权的直径 11.22m 泥水平衡盾构机“进越号”成功贯穿上海打浦路隧道复线工程，标志着我国进入了具备大直径泥水盾构机自主设计、制造和施工技术的盾构大国行列。2011 年 11 月 25 日，承担连接江苏南京与浦口的南京纬三路过江隧道施工的当时国内最大直径 15.03m 的气垫式泥水平衡盾构机“天和一号”正式验收、交接。2016 年 9 月 30 日，中国铁建重工制造的直径 12.81m 的“国产首台铁路双线大直径泥水平衡盾构机”成功下线，用于河南豫机城铁隧道施工。2017 年 10 月 26 日，用于汕头市苏埃海湾通道工程的我国自主设计制造目前最大直径 15.03m 常压换刀泥水盾构机“中铁 306”(图 3)在中铁装备成功下线，这标志着中国已经在大直径、超大直径盾构机制造技术上取得了突破。截至 2017 年年末，据不完全统计，世界上直径超过 14m 的盾构机约 42 台，其中 19 台在中国。中国致力于“造世界上最好的盾构机”。

图 3　国产 ϕ15.03m 常压换刀泥水盾构机

国内盾构机制造企业主要有中铁工程装备集团有限公司(以下简称“中铁装备”)、中国铁建重工集团有限公司(以下简称“铁建重工”)、上海隧道工程股份有限公司(以下简称“上海隧道”)、北方重工装备(沈阳)有限公司(以下简称“北方重工”)、中交天河机械设备制造有限公司(以下简称“中交天和”)和辽宁三三工业有限公司(以下简称“三三工业”)等代表性企业。其中，中铁装备具备年产盾构机、TBM 等 150 台(套)的产业化能力，该公司于 2013 年 11 月成功收购德国维尔特公司岩石隧道掘进机(TBM)业务，成为国际知名的隧道装备综合服务商；铁建重工盾构、TBM 年产能力也达到 120 台(套)；北方重工 2007 年并购了法国 NFM 公司，2016 年又成功并购美国罗宾斯公司股权；三三工业 2014 年全资收购世界 500 强、国际工程机械第一品牌美国卡特彼勒公司的子公司——卡特彼勒加拿大隧道设备有限公司，成为全球隧道掘进机制造业领军企业之一，具备年产盾构机、TBM100 台(套)的生产能力；中交天和具备年产盾构机 60 台(套)的生产能力。国内盾构机制造企业已具备年产 500 台(套)以上的生产能力。

在“一带一路”倡议的引领下，目前我国盾构机、TBM 出口形势良好，出口国家和地区进一步增加，除原来的新加坡、马来西亚、伊朗、印度、土耳其、沙特等亚洲国家以外，还开始出口俄罗斯、意大利、乌克兰、美国、巴西等欧美国家，国内掘进机产品质量趋于稳定、产品性价比好的特点已逐渐被国外用户所认识。预计今后一段时间，以东南亚、南亚、南美、非洲为主的掘进机市场潜力很大，进一步打入欧美澳等发达地区的可能性也很大。

随着盾构机整机制造业的繁荣，国产盾构机零部件和配套设备企业的发展也是如火如荼，绝大部分盾构机零部件都已经国产化。目前，盾构行业已经加大力度，对一些目前还需要进口的极少数核心零部件进行国产化攻关研究，并且取得了较大进展，如盾构机主轴承的研发与应用。我们相信在国家深入推进供给侧结构性改革、加快制造强国建设中，中国盾构产业将喷发出无穷潜力，核心零部件的国产化突破指日可待。

3. 盾构机、核心零部件再制造发展趋势

为贯彻落实《中国制造 2025》《工业绿色发展规划(2016—2020 年)》和《绿色制造工程实施指南(2016—2020 年)》,加快发展高端智能再制造产业,进一步提升机电产品再制造技术管理水平和产业发展质量,推动形成绿色发展方式,实现绿色增长,2017 年 11 月,工业和信息化部发布了《高端智能再制造行动计划(2018—2020)》(以下简称"《行动计划》")。《行动计划》的主要任务之一就是培育盾构机高值关键件再制造配套企业,开展刀盘、主驱动变速箱、中心回转装置、减速机、高端液压件、螺旋输送机等关键件再制造,形成基本完整的盾构机再制造产业链。

盾构机作为地下工程施工的一种高端智能装备,具有极高的再制造价值,也会带动我国相关产业的健康发展。盾构机再制造是一种高科技含量、产业化的修复技术,可将产品寿命周期从制造、使用和报废三个阶段,延伸为制造、使用、再制造、再使用、再报废等数个阶段,最终以最低的成本、最少的能源消耗完成产品的全寿命周期,实现行业循环经济。国内外实践表明,再制造产品的性能和质量均能达到甚至超过原品,而成本却只有新品的 1/3 甚至 1/4,节能达到 60% 以上,节材 70% 以上。

2013 年,北京盾构工程协会和北京建工土木工程有限公司在北京成立了第一家盾构机再制造和维保基地,并成功完成一台海瑞克 S254 盾构机的再制造,于 2016 年 3 月 24 日在北京地铁 16 号线 2 标段顺利出洞;2017 年 8 月 4 日,第二台再制造盾构机中建交通"中建二号"在长春地铁 2 号线 BT08 标段完成了 974m 的掘进任务后安全顺利洞通。2016 年 11 月 26 日,我国首台使用国产主轴承的再制造盾构机在合肥成功下线;从 2013 年起,蚌埠市行星工程机械有限公司结合成都地铁 6 台进口盾构机主驱动减速机连续损坏问题,通过加大技术研发和工艺改进,实现了盾构机主驱动减速机、螺旋输送机减速机和各种液压油缸的再制造,推动了盾构机核心零部件再制造和国产化。同时,北京奥宇可鑫表面工程技术有限公司在盾构机零部件再制造、上海振华重工(集团)股份有限公司在减速机国产化、江苏恒立液压股份有限公司在液压油缸国产化、忧泰科(苏州)密封技术有限公司在盾构密封产品国产化方面都处于国内领先水平。

从 2009 年起,工业和信息化部先后两次批复了中铁工程装备集团有限公司、中国铁建重工集团有限公司、中铁隧道集团有限公司、蚌埠市行星工程机械有限公司等多家机电产品再制造试点单位,也发布了《再制造产品认定实施指南》《再制造企业技术规范》等国家标准,对规范再制造企业生产、保证再制造产业产品质量、推动再制造产业发展起到重要作用。根据《行动计划》的要求,国家将加快高端智能再制造标准的研制,鼓励行业协会、试点单位、科研院所等联合研制高端智能再制造基础通用、技术、管理、检测、评价等共性标准,鼓励机电产品再制造试点企业制定行业标准及团体标准。

4. 盾构技术发展展望

目前,通过持续的技术创新和发展,我国已全面掌握盾构机的核心制造技术,我国盾构工程设计与施工技术处于世界领先地位。盾构技术飞速发展,新技术、新专利、新工法、新工艺成果异彩纷呈,如双模式盾构机、整体式滚刀、滚刀工作状态无线检测和传输、冷冻式刀盘、主驱动高承压系统、伸缩摆动式主驱动、大直径盾构机常压换刀、钢套筒盾构始发和接收、衡盾泥开挖面稳定技术、复合地层盾构施工隐蔽岩体环保爆破等,使得国内盾构施工技术异彩纷呈。在商业模式上,国产品牌进一步加强盾构机金融、租赁、技术培训和售后服务等方面的创新,未来国产盾构机还将迎来更大的发展机遇。

未来,我国盾构技术将朝着更大的直径、更高的水压、更大的埋深、更长的掘进距离、更高的地质适应性和更安全、更环保、更智能化的方向发展,以实现盾构设计数字化、盾构制造模块化、盾构控制智能化、盾构管理网络化的中国盾构梦!

一、盾构机、TBM 及顶管机整机制造企业

中铁工程装备集团有限公司

地址：河南省郑州市经济开发区第六大街 99 号
电话：0371－60608808
传真：0371－60608800
网址：www.crectbm.com

主营业务：盾构机、TBM、顶管机

中国铁建重工集团有限公司

地址：湖南长沙经济技术开发区东七路 88 号
电话：400－8956789
传真：0731－84071800
网址：www.crchi.com

主营业务：盾构机、TBM、顶管机

海瑞克股份公司

地址：北京市朝阳区永安东里 16 号 CDB 国际大厦 601A
电话：010－65670389
传真：010－65676769
网址：www.herrenknecht.com

主营业务：盾构机、TBM、顶管机

北方重工装备（沈阳）有限公司

地址：沈阳经济技术开发区开发大路 16 号
电话：024－25802582
传真：024－25802503
网址：www.china－sz.com

主营业务：盾构机、TBM、顶管机

小松（中国）投资有限公司

地址：上海浦东新区金科路 2889 弄 6 号长泰广场办公楼 E 座 2 楼
电话：021－68414567
传真：021－68410250
网址：www.komatsu.com.cn

主营业务：盾构机

中交天和机械设备制造有限公司

地址：江苏省常熟市高新技术园义虞路 75 号
电话：0512－52035288
传真：0512－52035299
网址：www.cccth.com

主营业务：盾构机

辽宁三三工业有限公司

地址：辽宁辽阳向阳工业园区鞍阳街 33 号
电话：0419－7183333
传真：0419－7183999
网址：www.cnss333.com

主营业务：盾构机

上海隧道工程股份有限公司

地址：上海市宛平南路 1099 号
电话：021－58301000
传真：021－58307000
网址：www.stec.net

主营业务：盾构机

中船重型装备有限公司

地址：广州市南沙区大岗镇潭新公路 220 号
电话：020 – 39198168
传真：020 – 39198000
网址：www. cssche. com. cn

主营业务：盾构机

中船重工（青岛）轨道交通装备有限公司

地址：青岛高新技术产业开发区春阳路以北规划东 22 号线以东
电话：0532 – 58828353
传真：0532 – 58828360
网址：www. csic-tbm. com. cn

主营业务：盾构机

济南重工股份有限公司

地址：济南市东郊机场路
电话：0531 – 86139276
传真：0531 – 88288246
网址：www. jizg. com

主营业务：盾构机

中国一重集团天津重工有限公司

地址：天津市东丽区滨海重机工业园区重工路 1 号
电话：022 – 24943230
传真：022 – 24943227
网址：www. cfhi. com

主营业务：盾构机

徐工集团凯宫重工南京有限公司

地址：南京市江宁区滨江开发区物华路
电话：025 – 84913673
传真：025 – 84913673
网址：www. kgheavy. com

主营业务：盾构机、顶管机

北京首钢机电有限公司

地址：北京市石景山区老山东里
电话：010 – 88297134
传真：010 – 88297135
网址：www. sgme. com. cn

主营业务：盾构机、顶管机

上海力行工程技术发展有限公司

地址：上海浦东新金桥路 1088 号联创国际大厦 A 栋 5 楼 508 室
电话：021 – 61639990
传真：021 – 61639965
网址：www. shlxce. com

主营业务：盾构机

广东华隧建设集团股份有限公司

地址：广州市海珠区琶洲宸悦路 28 号保利叁悦广场 C 塔 15 楼
电话：020 – 38105588
传真：020 – 85272530
网址：www. ctc-cngd. com

主营业务：盾构机

扬州广鑫重型设备有限公司

地址：扬州市开发区鸿大路58－8号
电话：0514－87856399
传真：0514－87891788
网址：www.dingguan.cn

主营业务：顶管机

徐州工程机械集团有限公司

地址：江苏省徐州市经济开发区驮蓝山路26号
电话：0516－87888211
网址：www.xcmg.com

主营业务：悬臂挖掘机

山东优拓工程装备有限公司

地址：聊城市经济技术开发区松花江路7号
电话：010－51299297
传真：010－51299297
网址：www.youtuo.net

主营业务：顶管机

安徽唐兴机械装备有限公司

地址：安徽省淮南市上窑工业集聚区
电话：0554－2796608
网址：www.tangxing.cn

主营业务：顶管机

二、盾构整机与部件再制造企业

中铁工程装备集团有限公司

地址：河南省郑州市经济开发区第六大街99号

电话：0371－60608808

传真：0371－60608800

网址：www.crectbm.com

主营业务：盾构整机再制造

中国铁建重工集团有限公司

地址：湖南长沙经济技术开发区东七路88号

电话：400－8956789

传真：0731－84071800

网址：www.crchi.com

主营业务：盾构整机再制造

中交天和机械设备制造有限公司

地址：江苏省常熟市高新技术园义虞路75号

电话：0512－52035395

传真：0512－52035299

网址：www.cccth.com

主营业务：盾构整机再制造

北方重工装备(沈阳)有限公司

地址：沈阳经济技术开发区开发大路16号

电话：024－25802582

传真：024－25802503

网址：www.china－sz.com

主营业务：盾构整机再制造

小松(中国)投资有限公司

地址：上海浦东新区金科路2889弄6号长泰广场办公楼E座2楼

电话：021－68414567

传真：021－68410250

网址：www.komatsu.com.cn

主营业务：盾构整机再制造

中铁科工集团轨道交通装备公司

地址：武汉市江夏区庙山经济开发区幸福工业园内

电话：027－81990321

传真：027－81990330

网址：www.crrte.cn

主营业务：盾构整机再制造

辽宁三三工业有限公司

地址：辽宁辽阳向阳工业园区鞍阳街33号

电话：0419－7183333

传真：0419－7183999

网址：www.cnss333.com

主营业务：盾构整机再制造

徐工集团凯宫重工南京有限公司

地址：南京市江宁区滨江开发区物华路

电话：025－84913673

传真：025－84913673

网址：www.kgheavy.com

主营业务：盾构整机再制造

中铁隧道局集团有限公司专用设备中心

地址：洛阳市老城区状元红路
电话：0379－62633024
传真：0379－62633024
网址：www.ctg－zysb.com

主营业务：盾构机再制造

京津冀再制造产业研究院

地址：河北省河间市瀛洲经济技术开发区
电话：13366822695
联系人：汪勇

主营业务：盾构机维保、再制造

山西泰诺博锐隧道设备有限公司

地址：山西省运城市永济市黄河大道建力彩钢
电话：0359－8090876
网址：www.sxtnbr.com

主营业务：盾构机组装、维修、改造

武汉重型机床集团有限公司

地址：武汉市东湖新技术开发区佛祖岭一路3号
电话：027－67810000
传真：027－67810008
网址：www.whhdmt.com

主营业务：盾构机维修

北京奥宇可鑫表面工程技术有限公司

地址：北京市怀柔区金台园甲1号
电话：010－69654493
传真：010－69686198
网址：www.aoyuksin.com

主营业务：盾构机零部件再制造与修复

南京雷贝科技有限公司

地址：江苏省南京市江宁经济开发区清水亭西路2－20号
电话：025－86169119
传真：010－80115555－714343

主营业务：减速机维修维保再制造

蚌埠市行星工程机械有限公司

地址：蚌埠市中粮大道1206号
电话：0552－4926111
传真：0552－4950218
网址：www.bbxxcm.com

主营业务：减速机维修维保再制造

湖北行星传动设备有限公司

地址：湖北省黄冈市黄州区青砖湖路278号
电话：0713－8828777/8881678
传真：0713－8881688
网址：www.cngearboxes.com

主营业务：减速机维修维保再制造

江苏泰隆减速机有限公司

地址：江苏省泰兴市大庆东路 88 号
电话：0523 - 87665618
传真：0523 - 87662426
网址：www.tailong.com

主营业务：减速机维修维保再制造

洛阳轴研科技股份有限公司

地址：河南省洛阳市吉林路 1 号
电话：0379 - 64886563
传真：0379 - 64884653
网址：www.zys.com.cn

主营业务：盾构机轴承修复

洛阳特重轴承有限公司

地址：河南省洛阳市高新区东马沟工业园
电话：0379 - 62921300
传真：0379 - 64295768
网址：www.ltzzc.com

主营业务：盾构机轴承修复

洛阳 LYC 轴承有限公司

地址：河南省洛阳市建设路 96 号
电话：0379 - 65181885
传真：0379 - 64986287
网址：www.lyc.cn

主营业务：盾构机轴承修复

洛阳新强联回转支承股份有限公司

地址：河南省洛阳市新安县洛新工业园区九州路 1 号
电话：0379 - 65190137，65190150
传真：0379 - 67307619，65190183
网址：www.lyxql.com

主营业务：盾构机轴承修复

上海三品液压控制技术有限公司

地址：上海市闵行区剑川路 894 号 4 栋厂房
电话：021 - 61504993
传真：021 - 51862397
网址：www.91champion.com

主营业务：液压维修保养再制造

安徽博一流体传动股份有限公司

地址：安徽省合肥市蜀山新产业园区仰桥路 1 号
电话：0551 - 65370370
传真：0551 - 65370390
网址：www.byltcd.com

主营业务：液压元件再制造

江苏重亚重工有限公司

地址：江苏省建湖县经济开发区光明路 99 号
电话：0515 - 82068899
传真：0515 - 82068896
网址：www.zhongyazg.com

主营业务：盾构机后配套设备及盾构机的维保、再制造

三、盾构机核心部件制造企业

1. 主轴承、拼装机轴承及其他相关轴承

德国罗特艾德

地址：thyssenkrupp Allee 1　45143 Essen
电话：+49 201 844 0
传真：+49 201 844 536000
网址：www.thyssenkrupp.com/en

主营业务：盾构机主轴承

斯凯孚(中国)有限公司

地址：上海市黄浦区半淞园路377号
电话：021－53068866
传真：021－63617855
网址：www.skf.com.cn

主营业务：盾构机主轴承

铁姆肯(中国)投资有限公司

地址：上海市虹桥路1号港汇中心办公楼一座27层
电话：021－61138000
网址：www.timken.com

主营业务：其他相关轴承

舍弗勒投资(中国)有限公司

地址：上海嘉定区安亭镇安拓路1号
电话：021－39576666
传真：021－39576600
网址：www.schaeffler.cn

主营业务：其他相关轴承

洛阳轴研科技股份有限公司

地址：河南省洛阳市吉林路1号
电话：0379－64886563
传真：0379－64884653
网址：www.zys.com.cn

主营业务：盾构机主轴承

上海九恩动力技术有限公司(韩国ILJIN轴承代理商)

地址：上海市闵行区老沪闵路1317号1号门A－3
电话：021－64962118/7
传真：021－64962116
网址：www.john.net.cn

主营业务：代理韩国ILJIN轴承

洛阳世必爱特种轴承有限公司

地址：河南省洛阳市西工区河南洛阳工业园区纬四路
电话：0379－64122001
传真：0379－64122006
网址：www.sbi.com.cn

主营业务：拼装机轴承及其他相关轴承

洛阳新强联回转支承股份有限公司

地址：河南省洛阳市新安县洛新工业园区九州路1号
电话：0379－65190137 65190150
传真：0379－67307619 65190183
网址：www.lyxql.com

主营业务：盾构机主轴承

洛阳特重轴承有限公司

地址：河南省洛阳市高新区东马沟工业园

电话：0379－62921300

传真：0379－64295768

网址：www.ltzzc.com

主营业务：盾构机主轴承

洛阳 LYC 轴承有限公司

地址：河南省洛阳市建设路 96 号

电话：0379－65181885

传真：0379－64986287

网址：www.lyc.cn

主营业务：拼装机轴承

2. 减速机

德国卓轮/Zollern

电话：+49（0）757170－0

网址：www.zollern.de/de/

主营业务：减速机

意大利戴纳密克/Dinamic

地址：Via Togliatti，15　41030 Bomporto-MO-Italy Iscr. Trib. MO n. 24736

电话：39－059812611

传真：39－059812603

网址：www.dinamicoil.com

主营业务：减速机

采埃孚传动系统（北京）有限公司

地址：中国北京经济技术开发区泰河一街 2 号

电话：010－87141502

传真：010－87141498

网址：www.zf.com/china

主营业务：减速机

上海振华重工集团（南通）传动机械有限公司

地址：南通经济技术开发区团结河东路 1 号

电话：0513－85999700

传真：0513－85999150

网址：www.zpmcgearbox.com

主营业务：减速机

荆州市巨鲸传动机械有限公司

地址：湖北省荆州市开发区东方大道 58 号

电话：0716－8303808

传真：0716－8303808

网址：www.jujingcd.com.cn

主营业务：减速机

湖北行星传动设备有限公司

地址：湖北省黄冈市黄州区青砖湖路 278 号

电话：0713－8828777/8881678

传真：0713－8881688

网址：www.cngearboxes.com

主营业务：减速机

南京康普曼传动机械有限公司

地址：南京市江宁滨江经济开发区天成路 8 号
电话：025 - 84913668
传真：025 - 84913678
网址：www.kpmdrive.com

主营业务：减速机

重庆齿轮箱有限责任公司

地址：重庆江津东方红
电话：023 - 47211468
传真：023 - 47211128
网址：www.chongchi.com

主营业务：减速机

3. 主驱动变频电机

奥地利 ELIN

电话：+43 - (0)5990230815
网址：www.elin.com

主营业务：主驱动变频电机

中车永济电机有限公司

地址：山西省永济市电机大街 18 号
电话：0359 - 8075162
传真：0359 - 8075290
网址：www.crrcgc.cc/yjdj

主营业务：主驱动变频电机

西门子(中国)有限公司

地址：北京市朝阳区望京中环南路 7 号
电话：010 - 64719990
传真：010 - 64719991
网址：www.siemens.com

主营业务：主驱动变频电机

东芝三菱电机工业系统(中国)有限公司

地址：北京市海淀区知春路甲 48 号盈都大厦 B 座 21 层
电话：010 - 58732277
传真：010 - 58732208
网址：www.tmeic.com

主营业务：主驱动变频电机

安徽皖南电机有限公司

地址：安徽泾县南华路 86 号
电话：18656396766
传真：0563 - 5021260
网址：ahwnm.com

主营业务：主驱动变频电机

江西特种电机股份有限公司

地址：江西省宜春市城南工业园环城南路 581 号
电话：0795 - 3512327
传真：0795 - 3274523
网址：www.jiangte.com.cn

主营业务：主驱动变频电机

中车株洲电机有限公司

地址：湖南省株洲市石峰区田心路1号

电话：0731－28441266

传真：0731－28432399

网址：www.crrcgc.cc

主营业务：主驱动变频电机

4. 液压系统

博世力士乐中国

地址：上海市长宁区福泉北路333号

电话：4008807030

网址：www.boschrexroth.com.cn/zh/cn

主营业务：液压系统

派克汉尼汾中国

地址：上海市金桥出口加工区云桥路280号

电话：021－28995000

网址：www.parker.com

主营业务：液压系统

伊顿(中国)投资有限公司

地址：上海市长宁区临虹路280弄3号楼

电话：021－52000099

网址：www.eaton.com.cn

主营业务：液压系统

哈威液压系统(上海)有限公司

地址：上海市浦东新区金滇路155号

电话：021－58999678

传真：021－50550836

网址：www.hawe.com/zh-cn/

主营业务：液压系统

费斯托(中国)有限公司

地址：上海浦东金桥出口加工区云桥路1156号

电话：021－60815100

传真：021－58540300

网址：www.festo.com.cn

主营业务：液压系统

江苏恒立液压股份有限公司

地址：江苏省常州市武进高新区龙潜路99号

电话：400 101 8889

传真：0519－86159988

网址：www.henglihydraulic.com

主营业务：液压系统

榆次液压有限公司

地址：山西省晋中市榆次经纬路256号
电话：0354－2426159
传真：0354－2426077
网址：www.yuciyeya.com.cn

主营业务：液压系统

北京华德液压工业集团有限责任公司

地址：北京市经济技术开发区同济北路5号
电话：010－67881998
传真：010－67882009
网址：www.huade-hyd.com.cn

主营业务：液压系统

怀特(中国)驱动产品有限公司

地址：江苏省镇江市润州区宁镇公路1－8号
电话：0511－85729988
传真：0511－85728950
网址：www.whitedriveproducts.com

主营业务：液压系统

常州力士达液压设备有限公司

地址：江苏省常州市武进区奔牛镇金牛西路
电话：0519－83126601
传真：0519－83126602

主营业务：液压系统

上海倍润液压设备有限公司

地址：上海市嘉定区嘉松北路4777号敏枫工业园1号厂房604
电话：021－59947921 33527617
传真：021－59947921
网址：www.shbeirun.com

主营业务：液压系统

山东泰丰液压股份有限公司

地址：山东省济宁市高新区海川路66号
电话：0537－2712988
传真：0537－2718308
网址：www.taifenghydraulic.com

主营业务：液压系统

沈阳瑞华阳通用机械制造有限公司

地址：沈阳市皇姑区文储路100号
电话：024－88902629
传真：024－88731481
网址：www.ruihuayang.com

主营业务：液压系统

徐州徐工液压件有限公司

地址：江苏省徐州市经济开发区桃山路18号
电话：0516－8773 9815
传真：0516－8346 2680
网址：www.xcmg.com/yyj/

主营业务：液压系统

天津市艾隆特精液压机械有限公司

地址：天津市西青区张家窝镇工业区汇鑫路2号
电话：022－23833012
传真：022－87981538
网址：altejing. cn. gtobal. com

主营业务：液压系统

5. 液压滤芯

颇尔过滤器（北京）有限公司

地址：北京市经济技术开发区宏达南路12号
电话：010－87225588
传真：010－67802329
网址：www. pall. com

主营业务：液压滤芯

贺德克液压技术（上海）有限公司

地址：上海市闵行经济技术开发区中屏路28号
电话：021－64633510
传真：021－64300257
网址：www. hydac. com. cn

主营业务：液压滤芯

派克汉尼汾中国

地址：上海市金桥出口加工区云桥路280号
电话：021－28995000
网址：www. parker. com

主营业务：液压滤芯

马勒技术投资（中国）有限公司

地址：上海市奉贤区环城北路1299号
电话：021－5136 0595
网址：www. cn. mahle. com

主营业务：液压滤芯

黎明液压有限公司

地址：浙江省温州鹿城轻工产业园区盛宇路58号
电话：0577－88782787
传真：0577－88781999
网址：www. leemin. com. cn

主营业务：液压滤芯

博世力士乐中国

地址：上海市长宁区福泉北路333号
电话：4008807030
网址：www. boschrexroth. com. cn/zh/cn

主营业务：液压滤芯

固安县德玛格过滤科技有限公司

地址：河北省廊坊市固安县林城工业开发区
电话：0316 – 5666860
传真：0316 – 3238656
网址：www. filterc. net

主营业务：液压滤芯

德玛隆(郑州)滤器设备有限公司

地址：郑州市高新技术开发区光机电园区
电话：0371 – 56669828
传真：0371 – 63582867
网址：www. demalong. com

主营业务：液压滤芯

6. 人闸及压力装置

萨姆森控制设备(中国)有限公司

地址：北京经济技术开发区永昌南路 11 号
电话：010 – 67803011
传真：010 – 67803196
网址：www. samsonchina. com

主营业务：人闸压力控制系统

烟台宏远氧业有限公司

地址：山东省烟台市芝罘区车山路 6 号
电话：0535 – 2114086
传真：0535 – 2114086
网址：www. yangcang. com

主营业务：人闸与气压过渡舱

烟台冰轮高压氧舱有限公司

地址：烟台市莱山区滨海工业园光大路 1 号
电话：0535 – 8019188
传真：0535 – 8019178
网址：www. gyyc. cn

主营业务：人闸与气压过渡舱

7. 空压机及储气罐

英格索兰(中国)投资有限公司

地址：上海市仙霞路 99 号尚嘉中心 8 – 12 楼
电话：021 – 2221 5000
网址：www. irco. com. cn

主营业务：空压机

上海优耐特斯压缩机有限公司

地址：上海南翔工业区嘉美路 201 号
电话：021 – 69172876
传真：021 – 69176655
网址：sunc. compressor. cn

主营业务：空压机

阿特拉斯科普柯(中国)矿山与建筑设备贸易有限公司

地址:江苏南京市经济技术开发区恒达路 1 号
电话:025-86967870
传真:025-86967860
网址:www.atlascopco.com.cn

主营业务:空压机

东莞雅迪勤压缩机制造有限公司

地址:广东省东莞市沙田镇民田管理区官洲工业区
电话:0769-88802320
传真:0769-88803230
网址:www.adekom.com.hk/cn

主营业务:空压机

ALUP Compressors Germany

地址:Nürtinger Str. 50
Köngen 73257 Germany
网址:www.alup.com

主营业务:空压机

复盛实业(上海)有限公司

地址:上海松江新桥开发区民益路 28 号
电话:021-62704880
传真:021-62704878
网址:www.fusheng-china.com

主营业务:空压机

8. 泡沫系统(泵和流量计)

恩德斯豪斯(中国)自动化有限公司

地址:上海市闵行区江川东路 458 号
电话:021-2403 9600
传真:021-2403 9607
网址:www.cn.endress.com

主营业务:流量计

法国 PCM 北京公司

地址:北京市朝阳区望京街 8 号利星行广场 C 座 546 房间
电话:010-56827508
网址:www.pcm.eu

主营业务:螺杆泵

西派克(上海)泵业有限公司

地址:上海浦东新区宣中路 399 号
电话:021-38108888
网址:www.seepex.com

主营业务:螺杆泵

耐驰(兰州)泵业有限公司

地址:兰州市高新区刘家滩 506 号
电话:0931-8555000
传真:0931-8552376
网址:www.netzsch.com.cn

主营业务:螺杆泵

9. 注浆系统

上海施维英机械制造有限公司

地址：上海市松江新桥工业区新效路177号
电话：021－80105065
网址：www.schwing.com.cn

主营业务：注浆泵

普茨迈斯特(北京)固体泵贸易有限公司

地址：北京市朝阳区呼家楼京广中心商务楼507室
电话：010－65026395
传真：010－65026301
网址：www.psp-cn.com

主营业务：注浆泵

中铁工程装备集团有限公司

地址：河南省郑州市经济开发区第六大街99号
电话：0371－60608666
传真：0371－60608800
网址：www.crectbm.com

主营业务：注浆泵

北京欧德林科技开发有限公司

地址：北京市海淀区复兴路17号公主坟国海广场D座817
电话：010－64849106
传真：010－64849109
网址：www.oderlin.com

主营业务：注浆泵

郑州瑞申机器制造有限公司

地址：河南省郑州市惠济区绿源路9号
电话：0371－67770011
传真：0371－67770031
网址：www.zzruishen.com

主营业务：注浆泵

河北铸诚工矿机械有限公司

地址：河北省邢台市柏乡县柏镇路北侧
电话：0319－7708138
传真：0319－7766365
网址：www.hbzcgongkuang.com

主营业务：注浆泵

10. 盾构皮带机、连续皮带机及皮带

中铁工程装备集团有限公司

地址：河南省郑州市经济开发区第六大街99号
电话：0371－60608666
传真：0371－60608800
网址：www.crectbm.com

主营业务：皮带机

中国铁建重工集团有限公司

地址：湖南长沙经济技术开发区东七路88号
电话：400－8956789
传真：0731－84071800
网址：www.crchi.com

主营业务：皮带机

北方重工集团有限公司

地址：沈阳经济技术开发区开发大路16号
电话：024－25802581
传真：024－25851610
网址：www.china-sz.com

主营业务：皮带机

瑞士马蒂技术有限公司

地址：四川成都市青羊人民中路二段70号时代凯悦2单元1802
电话：028－86282745
网址：www.martitechnik.ch

主营业务：皮带机

兖矿集团大陆机械有限公司

地址：山东省兖州市经济开发区
电话：0537－3472116
传真：0537－3472286
网址：www.ygdm.com

主营业务：皮带机、输送机

山西凤凰胶带有限公司

地址：山西省长治市太行西街168号
电话：0355－2086297
传真：0355－2085923
网址：www.phoenix-sx.com

主营业务：输送带

河北九洲橡胶科技股份有限公司

地址：河北省保定市蠡县经济开发区橡胶工业园区
电话：0312－6268888
传真：0312－6268788
网址：www.jiu-zhou.com.cn

主营业务：输送带

郑州迪普特化工有限公司

地址：河南省郑州市郑东新区通泰路66号
电话：0371－66346399
传真：0371－63486729
网址：www.dipute.cn

主营业务：输送带

11. 二次通风机

山西巨龙风机有限公司

地址：山西运城市盐湖区德新路三号
电话：0359－8655448
传真：0359－6391788

主营业务：二次通风机

浙江双阳风机有限公司

地址：浙江省绍兴市上虞区上浦工业区昆仑路16号
电话：0575－82362367
传真：0575－82366700
网址：www.zj-syfj.com

主营业务：二次通风机

浙江上风高科专风实业有限公司

地址：浙江省绍兴市上虞区东关街道人民西路1818号

电话：0575－82530849

网址：www. sfgk. com. cn

主营业务：二次通风机

12. 泥浆泵及泥水循环控制系统

伟尔沃曼机械（苏州）有限公司

地址：江苏省苏州高新区华山路158号27#厂房

电话：0512－66676700

网址：www. weirminerals. com

主营业务：渣浆泵

湖北扬子江泵业（武汉）有限责任公司

地址：湖北省武汉市东西湖区金北二路5号

电话：027－83256667

传真：027－83256667

网址：www. yzjby. com

主营业务：泥浆泵与盾构泥水输送系统

特瑞堡工程系统（青岛）有限公司

地址：青岛市城阳区棘洪滩街道南万社区北

电话：0532－89650700

传真：0532－87907303

网址：www. trelleborg. com

主营业务：泥水循环控制系统

河北德林机械有限公司

地址：河北省石家庄市元氏大街271号

电话：0311－86481688

传真：0311－86481668

网址：www. delinco. com

主营业务：泥浆泵

郑州市中凯工程机械有限公司

地址：郑州市中原西路与荥泽大道交叉口向西100米路南

电话：0371－68539833

网址：www. zzzktbm. com

主营业务：泥浆泵与盾构泥水输送系统

中隧阀门科技有限公司

地址：上海市静安区共和新路966号1303室

电话：021－56986688

传真：021－56621177

网址：www. tunnelvalve. com

主营业务：隧道盾构专用阀

宁海县建力砼泵配件有限公司

地址：浙江省宁波市宁海县桃源街道尤家村1号
电话：0574－65166188
传真：0574－65166088
网址：www.nhshenhai.com

主营业务：盾构机缓冲喉及吸、排胶管

13. 注脂系统

美国林肯工业有限公司

地址：上海市黄浦区半淞园路377号
电话：021－53068866
网址：www.lincolnindustrial.com.cn

主营业务：油脂泵

美国固瑞克公司

地址：上海市黄浦区中山南路1029号7号楼
电话：021－64950088
网址：www.graco.com/cn

主营业务：油脂泵

阿勒米特

地址：上海市闵行区光华路18号B栋505
电话：021－51870188
传真：021－51761558
网址：www.alemite.asia

主营业务：油脂泵

英格索兰(中国)投资有限公司

地址：上海市仙霞路99号尚嘉中心8－12楼
电话：021－22215000
网址：www.irco.com.cn

主营业务：油脂泵

广州埃斯特泵业有限公司

地址：广州市黄埔区埔南路18号128房
电话：020－82251929
网址：www.istpump.com

主营业务：油脂泵

14. 吊机与真空吸盘

德马格起重机械有限公司

地址：上海市闵行区沪闵路6088号莘庄龙之梦广场18楼
电话：021－34702998
传真：021－34702854
网址：www.demagcranes.com.cn

主营业务：吊机与真空吸盘

斯泰尔起重设备（上海）有限公司

地址：上海市普陀区怒江北路399号9层901室
电话：021－66083737
传真：021－66083015
网址：www.stahlcranes.com

主营业务：吊机与真空吸盘

法兰泰克重工股份有限公司

地址：江苏省苏州市吴江汾湖高新技术产业开发区汾越路288－388号
电话：0512－82072666
传真：0512－82072999
网址：www.eurocrane.com.cn

主营业务：吊机与真空吸盘

陕西埃希麦克斯机械设备有限责任公司/ACIMEX

地址：陕西省杨凌示范区城南路火炬创业园G区
电话：029－87071766
传真：029－87071766
网址：www.acimex.com.cn

主营业务：真空吸盘

AERO-LIFT Vakuumtechnik GmbH

地址：Turmstraße 1
72351 Geislingen－Binsdorf
电话：+49（0）7428 － 94514－0
传真：+49（0）7428 － 94514－38
网址：www.aero-lift.de

主营业务：吊机与真空吸盘

15. 电缆及水管卷筒

海瑞克（广州）隧道设备有限公司

地址：广州市保税区东江大道463号
电话：020－66350350
传真：020－82219020
网址：www.herrenknecht.com

主营业务：电缆及水管卷筒

康稳移动供电设备（中国）销售公司

地址：上海市长宁区长宁路1189号来福士广场T2座1802－1803室
电话：021－68407060
传真：021－68968310
网址：www.conductix.com.cn

主营业务：电缆及水管卷筒

凯伏特(上海)动力技术有限公司

地址：上海市闵行区都会路1951弄11号厂房
电话：021－54429778
网址：www.cavotec.com

主营业务：电缆及水管卷筒

湖南海润电气有限公司

地址：湖南省岳阳市岳阳县荣家湾镇洞庭村海润工业园区
电话：0730－7830777
传真：0730－7831777
网址：www.hinar.cn

主营业务：电缆及水管卷筒

丹东万达电缆卷筒有限公司

地址：丹东市元宝区八道街165号
电话：0415－3128544
传真：0415－3131002
网址：www.dddljt.com

主营业务：电缆及水管卷筒

岳阳凯立信电气有限公司

地址：湖南省岳阳市奇家岭学院路许家桥巷23－12号
电话：0730－8641941
传真：0730－8641768
网址：www.credsun.com

主营业务：电缆及水管卷筒

16. PLC

西门子(中国)有限公司

地址：北京市朝阳区望京中环南路7号
电话：010－64719990
传真：010－64719991
网址：www.siemens.com

主营业务：PLC

三菱电机自动化(中国)有限公司

地址：上海市虹桥路1386号三菱电机自动化中心
电话：021－23223030
传真：021－23223000
网址：www.mitsubishielectric.com

主营业务：PLC

施耐德电气(中国)有限公司

地址：北京市朝阳区望京东路6号施耐德电气大厦
电话：010－84346699
传真：010－65037402
网址：www.schneider-electric.cn

主营业务：PLC

17. 各类传感器

威卡国际贸易(上海)有限公司

地址:苏州市高新区塔园路 81 号
电话:0512 - 68788000
传真:0512 - 68780300
网址:www. wika. cn

主营业务:各类传感器

巴鲁夫自动化(上海)有限公司

地址:上海市浦东新区成山路 800 号云顶国际商业广场 A 座 8 层
电话:4008200016
传真:4009202622
网址:www. balluff. com. cn

主营业务:各类传感器

上海倍加福工业自动化贸易有限公司

地址:上海市闸北区市北工业园区江场三路 219 号大楼四楼
电话:021 - 66303939
传真:021 - 66300883
网址:www. pepperl-fuchs. com

主营业务:各类传感器

易福门电子(上海)有限公司

地址:上海浦东新区张江张衡路 1000 弄 15 号
电话:021 - 38134800
传真:021 - 50278669
网址:www. ifm. com/cn

主营业务:各类传感器

上海朝辉压力仪器有限公司

地址:上海市松江区南乐路 1276 弄 115 号 8 号楼 5 - 6F
电话:021 - 51691919,67755188
传真:021 - 67755185
网址:www. sinosensor. com

主营业务:各类传感器

18. 变压器

ABB(中国)有限公司

地址:北京市朝阳区酒仙桥路 10 号恒通大厦
电话:010 - 84566688
传真:010 - 64231613
网址:new. abb. com/cn

主营业务:变压器

西门子(中国)有限公司

地址:北京市朝阳区望京中环南路 7 号
电话:4006162020
网址:www. siemens. com

主营业务:变压器

许昌许继配电股份有限公司

地址：河南省许昌市经济技术开发区瑞祥路3388号

电话：0374－3219406

网址：www.xcxjpd.com

主营业务：变压器

顺特电气有限公司

地址：广东省佛山市顺德区大良街道五沙社区新悦路23号

电话：0757－22666888

网址：www.sunten.com.cn

主营业务：变压器

天津特变电工变压器有限公司

电话：400－687－1000

网址：www.tbea.com

主营业务：变压器

19. 变频器

施耐德电气（中国）有限公司

地址：北京市朝阳区望京东路6号施耐德电气大厦

电话：010－84346699

传真：010－65037402

网址：www.schneider-electric.cn

主营业务：变频器

罗克韦尔自动化（中国）有限公司

地址：上海市虹梅路1801号宏业大厦

电话：021－61288888

传真：021－61288899

网址：www.rockwellautomation.com

主营业务：变频器

西门子（中国）有限公司

地址：北京市朝阳区望京中环南路7号

电话：4006162020

网址：www.siemens.com

主营业务：变频器

ABB（中国）有限公司

地址：北京市朝阳区酒仙桥路10号恒通大厦

电话：010－84566688

传真：010－64231613

网址：new.abb.com/cn

主营业务：变频器

丹佛斯自动控制管理(上海)有限公司

地址:上海市宜山路900号科技大厦C楼20层
电话:021-61513000
传真:021-61513100
网址:www.danfoss.cn

主营业务:变频器

20. 电气控制系统

伊顿(中国)投资有限公司

地址:上海市长宁区临虹路280弄3号楼
电话:021-52000099
网址:www.eaton.com.cn

主营业务:电气控制系统

施耐德电气(中国)有限公司

地址:北京市朝阳区望京东路6号施耐德电气大厦
电话:010-84346699
传真:010-65037402
网址:www.schneider-electric.cn

主营业务:电气控制系统

ABB(中国)有限公司

地址:北京市朝阳区酒仙桥路10号恒通大厦
电话:010-84566688
传真:010-64231613
网址:new.abb.com/cn

主营业务:电气控制系统

芬得亚洲有限公司/Finder

地址:香港九龙长沙湾长顺街20号时丰中心9楼901-903室
电话:+852-31880212
传真:+852-31880263
网址:www.finder-asia.com

主营业务:电子继电器、控制系统

西门子(中国)有限公司

地址:北京市朝阳区望京中环南路7号
电话:4006162020
网址:www.siemens.com

主营业务:电气控制系统

德力西集团

地址:上海市普陀区中山北路1777号中国德力西大厦27楼
电话:021-62363333
传真:021-62365822
网址:www.delixi.com

主营业务:电气控制系统

正泰集团

地址：浙江省乐清北白象大桥工业园正泰高科技园区

电话：0577－62877777

传真：0577－62875888

网址：www.chint.com

主营业务：电气控制系统

上海玮尔电子有限公司

地址：上海市黄浦区广西北路528号501室

电话：021－63615515

传真：021－53082751

网址：www.shvir.com

主营业务：电气控制系统

21. 工控机

西门子(中国)有限公司

地址：北京市朝阳区望京中环南路7号

电话：4006162020

网址：www.siemens.com

主营业务：工控机

研祥智能科技股份有限公司

地址：深圳市南山区高新中四道31号研祥科技大厦

电话：0755－86255511

网址：www.evoc.com

主营业务：工控机

研华科技(中国)有限公司

地址：江苏省昆山市玉山镇汉浦路600号

电话：0512－5777－5666

网址：www.advantech.com.cn

主营业务：工控机

22. 视频监控系统

广州新视宝电脑监控器材公司

地址：广州市番禺区钟村街市广路钟三路段36号

电话：020－84711169

传真：020－84717342

网址：www.sunspo.com

主营业务：视频监控系统

上海益丰电器有限公司

地址：上海市北京东路668号科技京城(赛格电子市场)2A203

电话：021－61201716

传真：021－61202716

网址：yifengh.byf.com

主营业务：视频监控系统

杭州海康威视数字技术股份有限公司

地址：杭州市滨江区阡陌路 555 号
电话：0571 －88075998
传真：0571 －88805843
网址：www. hikvision. com

主营业务：视频监控系统

浙江大华技术股份有限公司

地址：杭州滨江高新区滨安路 1199 号
电话：0571 －28933188
传真：0571 －87688857
网址：www. dahuatech. com

主营业务：视频监控系统

23. 导向测量系统

中国铁建重工集团有限公司

地址：湖南长沙经济技术开发区东七路 88 号
电话：400 －8956789
传真：0731 －84071800
网址：www. crchi. com

主营业务：导向测量系统

维艾姆迪(上海)测量技术有限公司

地址：上海市浦东新区张东路 1158 号礼德铂金中心 1 号楼 1101A 室
电话：021 －50750276
传真：021 －50277789
网址：www. vmt-china. com

主营业务：导向测量系统

上海米度测量技术有限公司

地址：上海市浦东新区尚博路 366 弄 8 号 6 楼
电话：021 －50329515,50171836
传真：021 －50171836
网址：www. meter-degree. com

主营业务：导向测量系统

德国 PPS-Poltinger Precision Systems GmbH

地址：Henschelring 15a
85551 Kirchheim (bei München)
电话：+49 89 127661440
传真：+49 89 1276614420
网址：www. pps-muc. de

主营业务：导向测量系统

演算工坊/ENZAN KOUBOU CO. , LTD.

地址：237-3 Yamazato-cho,Kamigyo-ku,Kyoto 602-8268, Japan
电话：+81 －75 －417 －0100
传真：+81 －75 －417 －0200
网址：www. enzan-k. com

主营业务：导向测量系统

中铁工程装备集团有限公司

地址：河南省郑州市经济开发区第六大街 99 号
电话：0371 －60608666
传真：0371 －60608800
网址：www. crectbm. com

主营业务：导向测量系统

上海力信测量技术有限公司

地址：上海市浦东新区蔡伦路1690号2幢501室
电话：021－56807268
传真：021－56807268
网址：www.sh-raising.com

主营业务：导向测量系统

24. 远程监控系统及盾构信息技术服务

维艾姆迪(上海)测量技术有限公司

地址：上海市浦东新区张东路1158号礼德铂金中心1号楼1101A室
电话：021－50750276
传真：021－50277789
网址：www.vmt-china.com

主营业务：远程监控系统

上海米度测量技术有限公司

地址：上海市浦东新区尚博路366弄8号6楼
电话：021－50329515，50171836
传真：021－50171836
网址：www.meter-degree.com

主营业务：远程监控系统

北京九镁科技有限公司

地址：北京市海淀区上地创业中路36号(留学人员海淀创业园106室)
电话：010－82895841
传真：010－82894821
网址：www.geometro.com.cn

主营业务：GIS＋BIM＋移动测量系统

北京申江工程技术咨询有限公司

地址：北京市海淀区永澄北路2号院1号楼五层190室
电话：010－62331632
传真：010－62331632

主营业务：远程监控系统

西安创富电子科技有限公司

地址：西安市高新区丈八一路1号汇鑫IBC-A座13层
电话：029－88277962
传真：029－88277962－828
网址：www.xacf.com

主营业务：盾构TMB施工与健康管理云平台

上海逸风自动化科技有限公司

地址：上海市徐汇区漕溪路251弄5号楼13E座
电话：021－64836150
传真：021－64836155
网址：www.ef-automation.com

主营业务：远程监控系统

南京坤拓土木工程科技有限公司

地址：江苏省南京市雨花台区贾东村 105 号综合办公楼 6 楼
电话：025 －84808342
传真：025 －84808342
网址：www.kentop.cc

主营业务：安全风险管理监控系统

毕埃慕（上海）建筑数据技术股份有限公司

地址：上海市大连路 1546 号 2 号楼 24F－C 座
电话：021 －61995100
网址：www.17bim.com

主营业务：BIM 咨询服务

徕卡测量系统贸易（北京）有限公司

地址：北京市朝阳区朝外大街 16 号中国人寿大厦 2002－2005 室
电话：010 －85691818
传真：010 －85251836
网址：www.leica-geosystems.com.cn

主营业务：远程监控系统

25. 拼装机遥控器

上海海希工业通讯设备有限公司

地址：上海市莘砖公路 518 号 15 幢
电话：021 －54902525
传真：021 －54902626
网址：www.hbc.net.cn

主营业务：拼装机遥控器

深圳市海德无线遥控有限公司

地址：广东深圳市罗湖区红桂路 1029 号天元大厦 26G
电话：0755 －25896812
传真：0755 －25589566
网址：www.hetronic.net.cn

主营业务：拼装机遥控器

四、盾构机配套设备制造企业

1. 龙门吊

河南卫华重型机械股份有限公司

地址：河南省长垣县卫华大道西段
电话：0373－8887666
传真：0373－8887665
网址：www.craneweihua.com

主营业务：龙门吊

中铁科工集团轨道交通装备有限公司

地址：武汉市江夏区庙山经济开发区幸福工业园
电话：027－81990321
传真：027－81990303
网址：www.crrte.cn

主营业务：龙门吊

德马格起重机械(上海)有限公司

地址：上海市闵行区沪闵路6088号莘庄龙之梦广场18楼
电话：021－34702998
传真：021－34702854
网址：www.demagcranes.com.cn

主营业务：龙门吊

中铁十六局集团建工机械有限公司

地址：北京市密云区新北路29号西
电话：010－61095670
传真：010－61093123
网址：www.cr16jgjx.com

主营业务：龙门吊

河南豫中起重集团有限公司

地址：河南省长垣县位庄镇工业区
电话：0373－8791368
传真：0373－8791898
网址：www.yuzhongqz.com

主营业务：龙门吊

大连重工·起重集团有限公司

地址：辽宁省大连市西岗区八一路169号华锐大厦
电话：0411－86852820
网址：www.cec-ceda.org.cn

主营业务：龙门吊

河南省矿山起重机械有限公司

地址：河南省长垣县长恼工业区矿山路与纬三路交汇处
电话：400－0373－818
传真：0373－8735598/333
网址：www.hnks.com

主营业务：龙门吊

河南中原重工制造有限公司

地址：河南省起重工业园区封丘S213省道创业园1号
电话：0373－8423456,8423777
传真：0373－8423555
网址：www.zyhi.com.cn

主营业务：龙门吊

科尼起重机设备(上海)有限公司

地址:上海市普陀区祁连山南路 2891 弄 100 号四号楼 D

电话:021 - 26061188

传真:021 - 26061066

网址:www.konecranes.com.cn

主营业务:龙门吊

新乡市起重机厂有限公司

地址:河南省新乡市南环路

电话:0373 - 3388389

传真:0373 - 3388389

网址:www.hnqzzg.cn

主营业务:龙门吊

河南省重科防爆机械有限公司

地址:河南省郑州市南阳路 213 号

电话:0371 - 63679616

传真:0371 - 63679616

网址:www.hnzkqz.cn

主营业务:龙门吊

洛阳卡瑞起重设备有限公司

地址:河南省洛阳市洛龙科技园瀛洲路 3 号

电话:0379 - 69825599

网址:www.krccrane.com

主营业务:龙门吊

广州起重机械有限公司

地址:广州市广园中路 283 号

电话:020 - 86592003

传真:020 - 86577651

网址:www.gzcranes.cn

主营业务:龙门吊

新乡市中原起重机设备总厂有限公司

地址:河南省长垣县东关工业区

电话:0373 - 8810890

网址:www.yaqicrane.com

主营业务:龙门吊

南京登峰起重设备有限公司

地址:江苏省南京市浦口区盘城工业园区

电话:025 - 58735552,58736620

传真:025 - 58735983

网址:www.njdengfeng.com

主营业务:龙门吊

四川川起起重设备有限公司

地址:四川省成都市金堂县成金大道 1666 号

电话:028 - 84932245

网址:www.scqz.com

主营业务:龙门吊

2. 牵引机车编组

中铁十六局集团建工机械有限公司

地址：北京市密云区新北路 29 号西
电话：010 - 61095670
传真：010 - 61093123
网址：www.cr16jgjx.com

主营业务：牵引机车及整列编组

中铁工程装备集团隧道设备制造有限公司

地址：新乡市人民路与西环路交叉口向西 300 米路北
电话：0373 - 3765908
传真：0373 - 3765901
网址：www.crectss.com

主营业务：牵引机车及整列编组

甘肃四方机车有限公司

地址：兰州市安宁区立达国际汽配城 19 - 116
电话：0931 - 7619348
传真：0931 - 7619348
网址：www.4fjc.com

主营业务：电瓶车

中铁科工集团轨道交通装备公司

地址：武汉市江夏区庙山经济开发区幸福工业园内
电话：027 - 81990321
传真：027 - 81990330
网址：www.crrte.cn

主营业务：电机车

西安市益德机电设备有限公司（德国小马机车国内代理商）

地址：西安市碑林区环城南路西段 33 号旺圆大厦 B 座 1107 室
电话：029 - 84384743
网址：www.xaydjd.cn

主营业务：代理小马机车

宝鸡恒通隧道设备有限公司

地址：陕西省宝鸡市渭滨区高新六路旭光工业园
电话：0917 - 3373679
传真：0917 - 3373679
网址：www.bjhtsb.net

主营业务：砂浆车、管片运输车等

中铁宝桥集团有限公司

地址：陕西省宝鸡市清姜路 80 号
电话：0917 - 3351818
传真：0917 - 3353371
网址：www.crbbi.com

主营业务：牵引机车及整列编组

湘潭牵引机车厂有限公司

地址：湖南省湘潭市雨湖区草塘路 15 号
电话：0731 - 52826858
传真：0731 - 58377431
网址：www.xiangqian168.com

主营业务：电机车、机车配套设备

北车兰州机车有限公司

地址：甘肃省兰州市七里河区武威路63号
电话：0931－2946321
传真：0931－2867279
网址：www. crregc. cc

主营业务：牵引机车及整列编组

河南翔康隧道设备制造有限公司

地址：河南省现象市小店工业园区经七路天峰街
电话：0373－3686638
传真：0373－3686638
网址：www. xksdsb. com

主营业务：渣土车、管片车、砂浆车

湖北晨风轨道装备股份有限公司

地址：湖北省鄂州市经济开发区武汉港工业园
电话：0711－3616818
传真：0711－3616819
网址：www. hbcfgd. com

主营业务：牵引机车及整列编组

中铁隧道股份有限公司新乡机械制造分公司

地址：河南省新乡市大召营镇中召村
电话：0373－2647379
网址：www. zsgfzz. com

主营业务：牵引机车及整列编组

3. 浆液搅拌站

北方永定工贸有限公司

地址：北京市丰台区长辛店东山坡三里丙43号
电话：010－83867812
传真：010－83867812
网址：www. bfydcn. com

主营业务：浆液搅拌站

北京双骏纵横机械设备有限公司

地址：北京市通州区宋庄镇徐辛庄村委会西800米
电话：13439398575
网址：gongshang. mingluji. com/beijing/node/15654

主营业务：浆液搅拌站

山东建科集团

地址：山东省济南市市中区经十西路818号
电话：0531－87453566
传真：0531－87453588
网址：www. sdjk. com. cn

主营业务：浆液搅拌站

深圳森钢重型钢结构工程有限公司

地址：深圳宝安福永街道桥头社区永福路114号森钢工业园
电话：0755－27317403
传真：0755－27317995
网址：www. sz-sengang. com

主营业务：浆液搅拌站

郑州亿立实业有限公司

地址：河南省荥阳市建设路西段

电话：0371－65006887

传真：0371－65006886

网址：www. yilishiye. com

主营业务：浆液搅拌站

佛山市南海聚龙建设机械有限公司

地址：佛山市南海区丹灶国家生态工业示范园区金石大道25号

电话：0757－86691568

传真：0757－86691668

网址：www. julong68. com

主营业务：浆液搅拌站

4. 泥水处理系统

三川德青工程机械有限公司

地址：湖北省宜昌市高新技术开发区大连路8号黑旋风科技园

电话：0717－6447123

传真：0717－6467192

网址：www. hxf-gj. com

主营业务：泥水处理系统

康明克斯（北京）机电设备有限公司

地址：北京市密云经济开发区翔云路3号

电话：010－69076938

传真：010－69076898

网址：www. comexbj. com

主营业务：泥水处理系统

河南威猛振动设备有限公司

地址：河南省新乡县工业路1号

电话：0373－3067720

网址：www. winnergroup. com. cn

主营业务：泥水处理系统

濮阳市中原锐实达石油设备有限公司

地址：濮阳市市京开道北段路西

电话：0393－7862950

传真：0393－7862568

网址：www. pyzyrsd. com

主营业务：泥水处理系统

沧州市华油飞达固控设备有限公司

地址：河北省沧州市经济开发区新华工业园区

电话：0317－3051833

网址：www. czhyfd. com

主营业务：泥水处理系统

斯派莎克工程（中国）有限公司

地址：上海市闵行区浦江高科技园区新骏环路800号

电话：021－2416 3666

传真：021－2416 3688

网址：www. spiraxsarco. com

主营业务：泥水处理系统

5. 管片模具

杨凌 CBE 隧道模具有限公司

地址：陕西省杨凌示范区城南路火炬创业园
电话：029－87071775
传真：029－87071777
网址：www. cbejt. com

主营业务：隧道管片模具

杭州铁牛机械有限公司

地址：浙江省杭州市萧山区江东工业区江东二路 1388 号
电话：0571－82986188
传真：0571－82985299
网址：www. unicrane. net

主营业务：隧道管片模具

北京首钢机电有限公司

地址：北京市石景山区老山西里
电话：010－88297134
传真：010－88297135
网址：www. sgme. com. cn

主营业务：隧道管片模具

上海隧道工程股份有限公司机械制造分公司

地址：上海市浦东新区海徐路 957 号
电话：021－58482957
传真：021－58483092

主营业务：隧道管片模具

青岛环球集团股份有限公司

地址：青岛市黄岛区钱家山路 177 号
电话：0532－86151998
传真：0532－86150902
网址：www. hicorp. cn

主营业务：隧道管片模具

6. 二次注浆设备

河南省耿力工程设备有限公司

地址：河南省洛阳市空港产业聚集区
电话：0379－60118689
网址：www. hngl. com. cn

主营业务：二次注浆设备

镇江宝城注浆设备有限公司

地址：江苏省镇江市丹徒区宝堰镇工业园区
电话：0511－85512022
传真：0511－85510515
网址：www. bao-cheng. com

主营业务：二次注浆设备

自贡市恒达泵业有限公司

电话：0813－3302215

传真：0813－3305561

网址：www. hd-pump. com

主营业务：二次注浆设备

镇江长城注浆设备有限公司

地址：江苏省镇江市民营开发区润兴路 10 号

电话：0511－85519258

传真：0511－85520098

网址：www. cczj. com

主营业务：二次注浆设备

7. 隧道风机

山西省侯马市鑫丰康风机有限公司

地址：山西省侯马市幸福街 589 号

电话：0357－4188956

传真：0357－4189490

网址：www. xfk-fj. com

主营业务：隧道风机

天津通创风机有限公司

地址：天津市河东区卫国道 189 号帅越科技园

电话：022－27059898

传真：022－84550626

网址：www. tostrong. com

主营业务：隧道风机

西安市益德机电设备有限公司(法国 ECE 风机国内代理商)

地址：西安市碑林区环城南路西段 33 号旺圆大厦 B 座 1107 室

电话：029－84384743

网址：www. xaydjd. cn

主营业务：隧道风机

8. 专用工具

凯特克集团凯特克贸易(上海)有限公司

地址：上海市曹杨路 1040 弄 19 楼

电话：021－62540813

网址：www. hytorchina. com

主营业务：液压扳手

美国 BLACKHAWK 黑鹰公司

地址：9200 Cody Overland Park, KS 66214

电话：1. 800. 379. 1732

网址：www. blackhawk. com

主营业务：液压钣金工具

实用动力集团 Enerpac 中国总部

地址：江苏太仓市南京东路 6 号
电话：0512 – 53287500
传真：0512 – 53359690
网址：www. enerpac. com. cn

主营业务：专用工具

博世电动工具(中国)有限公司

地址：浙江省杭州市滨江区滨康路 567 号
电话：4008268484
网址：www. bosch-pt. com. cn

主营业务：电动工具

北京和成兴业机电设备销售有限公司(德国 PLARAD 中国代理商)

地址：北京市昌平区北七家名佳花园四区 1 楼楼 511 底商
电话：010 – 51261836
传真：010 – 81759356
网址：www. pladrachina. com

主营业务：专用工具

五、盾构机配件与耗材制造企业

1. 盾构刀具

中铁工程装备集团有限公司

地址：河南省郑州市经济开发区第六大街99号
电话：0371－60608666
传真：0371－60608800
网址：www.crectbm.com

主营业务：盾构刀具

天津立林钻头有限公司

地址：天津市津南区葛沽富康路
电话：022－28685858
传真：022－28685158
网址：www.lilingroup.com

主营业务：盾构刀具

明梁控股集团有限公司（意大利庞万利刀具代理商）

地址：深圳市罗湖区建设路1072号东方广场2009室
电话：0755－82256703
传真：0755－82238024
网址：www.mleng.com

主营业务：盾构刀具

罗宾斯（上海）地下工程设备有限公司

地址：上海闵行区碧溪路295号
电话：021－34023238
网址：www.therobbinscompany.com

主营业务：盾构刀具

山东天工岩土工程设备有限公司

地址：山东聊城东昌府区凤凰工业园
电话：0635－2121655
传真：0635－5089887
网址：www.techgong.com.cn

主营业务：盾构刀具

深圳市中天超硬工具股份有限公司

地址：深圳市宝安区新安67区留仙一路甲岸科技园2栋
电话：0755－26073999
传真：0755－26640035
网址：www.juntec.com

主营业务：盾构刀具

南昌齿轮有限责任公司盾构刀具分公司

地址：南昌市经济技术开发区庐山北大道48号
电话：0791－83876118
传真：0791－83876688
网址：www.ncdgdj.com

主营业务：盾构刀具

洛阳九久技术开发有限公司

地址：河南省洛阳市高新开发区
电话：0379－67312961
传真：0379－67312853
网址：www.lyjj.com

主营业务：盾构刀具

吉林省维尔特隧道装备有限公司

地址：吉林市永吉经济开发区
电话：0432－64290002
传真：0432－64290002
网址：www. jlwet. com

主营业务：盾构刀具

山东瑞钻装备有限公司

地址：聊城市经济开发区泰山路
电话：0635－2936866
传真：0635－2936766
网址：www. rzcutters. com

主营业务：盾构刀具

深圳恒马实业有限公司

地址：深圳市宝安区石岩街道浪心社区塘头大道北恒超工业园厂房 A 栋 1 层西
电话：0755－26793060
传真：0755－26793860

主营业务：盾构刀具

武汉江钻恒立工程钻具股份有限公司

地址：武汉市东湖新技术开发区财富二路五号
电话：027－59723101
传真：027－59723100
网址：www. hltools. cn

主营业务：盾构刀具

南昌力通岩土工程设备有限公司

地址：南昌市望城开发区物华路 299 号
电话：0791－83771666
传真：0791－83771668
网址：www. nclitong. com

主营业务：盾构刀具

湖南德天盾构机刀具有限公司

地址：湖南株洲天元区长江北路 368 号湘银大厦 8 楼
电话：0731－28586611
传真：0731－28586600
网址：www. hunandetian. com

主营业务：盾构刀具

昆山众备机械设备有限公司

地址：江苏省昆山市锦溪生态产业园昆开路 118 号
电话：0512－57220388－8010
传真：0512－57222299
网址：www. zhongbeijixie. com. cn

主营业务：盾构刀具

山东易斯特机械设备有限公司

地址：山东省聊城嘉明经济开发区嘉禾路北昌润路西 7－9 幢
电话：0635－8722486
传真：0635－6196578
网址：www. estcutters. com. cn

主营业务：盾构刀具

2. 盾尾刷

上海蓝承机械设备发展有限公司

地址：上海市金山区山阳镇红旗西路158号1号楼304室
电话：021－52699573
传真：021－52699573
网址：shlancheng. 1688. com

主营业务：盾尾刷

吴江海格机械有限公司

地址：吴江市松陵镇八坼农创村
电话：0512－63055589
传真：0512－63055589

主营业务：盾尾刷

山东天佑隧道工程设备有限公司

地址：山东省聊城市经济开发区
电话：0635－8368869
传真：0635－8368869
网址：www. sdtysd. com

主营业务：盾尾刷

中铁隧道集团专用设备中心

地址：河南省洛阳市老城区状元红路3号
电话：0379－62633454
网址：www. ctg-zysh. com

主营业务：盾尾刷

广州信飞机械有限公司

地址：广州市番禺区桥南街陈涌村兴业大道东61号中荣工业园F座102
电话：13902269205
传真：020－39237019
网址：www. guangzhouxinfei. com

主营业务：盾尾刷

山东易斯特机械设备有限公司

地址：山东省聊城嘉明经济开发区嘉禾路北昌润路西7－9幢
电话：0635－8722486
传真：0635－6196578
网址：www. estcutters. com. cn

主营业务：盾尾刷

昆山众备机械设备有限公司

地址：江苏省昆山市锦溪生态产业园昆开路118号
电话：0512－36877915
网址：www. zhongbeijixie. com. cn

主营业务：盾尾刷

牡丹江金盾尾刷机械有限公司

地址：黑龙江省牡丹江市
电话：13836302347
网址：cn. made-in-china. com/showroom/jindun0453

主营业务：盾尾刷

上海翔盾机械设备有限公司

地址：上海市嘉定区宝丰西路886号
电话：021－33866535
传真：021－33866535
网址：www.shxiangdun.com

主营业务：盾尾刷

廊坊辰兴机械有限公司

地址：北京市朝阳区劲松南路1号海文大厦739室
电话：010－67759370
传真：010－67799669

主营业务：盾尾刷

河北盛荣新材料科技有限公司

地址：0317－2953871
电话：0317－2953066
传真：0317－2953871
网址：www.shengrongcailiao.com

主营业务：盾尾刷

3. 关键部件密封

意大利CARCO亚洲公司

地址：深圳市罗湖区爱国路新丰大厦A单元四层
电话：13923406961
网址：www.carcoseal.com/cn

主营业务：密封制品

赫莱特密封科技(上海)有限公司

地址：上海市嘉定区北工业开发区兴荣路785号
电话：021－33517272
传真：021－33517085
网址：hallite.com

主营业务：密封制品

斯凯孚（中国）有限公司

地址：上海市黄浦区半淞园路377号
电话：021－53068866
传真：021－63617855
网址：www.skf.com/cn

主营业务：密封制品

西北橡胶塑料研究设计院有限公司

地址：陕西省咸阳市秦都区西华路2号
电话：029－33621344
传真：029－33621360
网址：www.xbxj.chemchina.com

主营业务：橡胶密封制品

优泰科(苏州)密封技术有限公司

地址：苏州工业园区东宏路 28 号
电话：0512－62795018
传真：0512－62797880
网址：www. utec. cc

主营业务：密封件、密封材料

北京建科汇峰科技有限公司

地址：北京市通州区张家湾镇西定福庄甲 51 号
电话：18911865558
传真：0316－5175887
网址：www. jksymf. com

主营业务：超高压密封元件研发、生产

诺德保尔工业技术(北京)有限公司

地址：北京市朝阳区安慧里四区 16 号楼中国化工大厦 617 室
电话：010－51262160－231
传真：010－84885066
网址：www. rodbell. net

主营业务：密封件

广州宝力特密封技术有限公司

地址：广东省广州市黄埔区田园路 97 号
电话：020－32198021
传真：020－32149617
网址：www. blt-seal. com

主营业务：密封件

4. 盾构机特种螺栓

中铁隆昌铁路器材有限公司

地址：四川省内江市隆昌县金鹅街道重庆路 598 号
电话：0832－3998122
网址：www. lc-railway. com

主营业务：特种螺栓

湖北玖天机车部件有限公司

地址：安陆市经济开发区洪庙村 12#幢
电话：0712－5250699
传真：0712－5252699
网址：www. hbjiutian. com

主营业务：盾构机刀盘连接螺柱、螺母、垫片

沈阳东亿机械制造有限公司

地址：辽宁沈阳市于洪区张士经济技术开发
电话：024－89356686
传真：024－89357996
网址：fumeirusy. ce. c-c. com

主营业务：紧固件、螺栓

5. 吊索具

巨力索具股份有限公司

地址：河北保定市徐水区巨力路
电话：0312－8777777
传真：0312－8555555
网址：www. julisling. com

主营业务：钢丝绳索具等

上海君威钢绳索具有限公司

地址：上海宝山区春和路380号
电话：021－66933101
传真：021－66933101
网址：jwgangsheng. cn. china. cn

主营业务：钢丝绳索具等

柳州欧维姆机械股份有限公司

地址：广西柳州市鱼峰区阳和工业园阳惠路1号
电话：0772－3126784
传真：0772－3129341
网址：www. ovmchina. com

主营业务：钢丝绳索具等

北京起重工具厂

地址：北京朝阳区红庙首都经济贸易大学校办厂
电话：010－ 85995857
网址：eiiibcjcm. sooshong. com

主营业务：钢丝绳索具等

6. 电缆

远东电缆有限公司

地址：江苏省宜兴市远东大道8号
电话：0510－87242500
传真：0510－87242500
网址：www. fe-cable. com

主营业务：各种电缆

河北华通线缆集团有限公司

地址：河北唐山市丰南区经济开发区华通大街111号
电话：0315－5098186
传真：0315－5098800
网址：www. huatongcables. com

主营业务：电缆

上海蓝昊电气有限公司

地址：上海市淮海中路1045号淮海国际广场1903室
电话：021－54960492
传真：021－64320005
网址：www. cnlhe. com

主营业务：各种电缆

江苏上上电缆集团

地址：江苏省溧阳市上上路68号
电话：0519－87308866
网址：www. shangshang. com

主营业务：各种电缆

无锡江南电缆厂

地址：江苏省宜兴市官林镇新官东路 53 号
电话：0510－87238261
传真：0510－87200620
网址：www.jncable.com.cn

主营业务：各种电缆

安徽华联电缆集团有限公司

地址：安徽省芜湖市无为县龙庵工业区
电话：0553－6864198
传真：0553－6867855
网址：www.hualian-group.com

主营业务：各类高端电缆及特种电缆

7. 蓄电池及充电机

淄博火炬能源有限责任公司

地址：山东淄博市张店区南定镇南罗路 19 号
电话：0533－2276488
传真：0533－2980136
网址：www.torchbat.com.cn

主营业务：蓄电池

江苏金乐蓄电池有限公司

地址：江苏宿迁市泗阳县经济开发区文城东路 201 号
电话：0527－85302666
传真：0527－85301999
网址：www.zjjinle.com

主营业务：蓄电池

江苏快乐电源股份有限公司

地址：江苏省淮安市涟水经济开发区红日大道 25 号
电话：0517－82738302
传真：0517－82736226
网址：www.jskl-battery.com

主营业务：蓄电池

淮南通霸蓄电池有限公司

地址：安徽淮南市大通区
电话：0554－6642230
传真：0554－6642230
网址：www.tong-ba.com

主营业务：蓄电池

合肥迅启蓄电池有限公司

地址：合肥市望江东路 365 号
电话：0551－65710670
传真：0551－63523891
网址：www.ahxunqi.com

主营业务：蓄电池

淄博存能经贸有限公司

地址：山东淄博市张店区金晶大道 31 号
电话：0533－3126995
传真：0533－3126995
网址：www.zbcunneng.com

主营业务：蓄电池

西安开元变压整流设备厂

地址：陕西省西安市任家口工业小区 3 号
电话：029 – 84415217
传真：029 – 84414426
网址：www. xa-ky. com

主营业务：充电机

深圳动力时代科技有限公司

地址：深圳市龙岗区坂田镇吉华路上雪科技工业城西区三号一栋
电话：0755 – 88847855
传真：0755 – 28197765
网址：cn. power-time. com

主营业务：充电桩、电容

8. 盾构油脂与泡沫剂

上海合盛贸易有限公司(康达特代理商)

地址：上海市共和路 268 号企业广场 316 室
电话：021 – 62667673
传真：021 – 62661079
网址：www. hersheng. net

主营业务：密封油脂、泡沫润滑剂等

北京合东双科技有限公司

地址：北京市海淀区显龙山路 19 号 B 座 213、215 室
电话：010 – 62960352
传真：010 – 62960352
网址：www. hedongshuang. com

主营业务：盾尾油脂、泡沫剂

沈阳鑫山盟建材有限公司

地址：辽宁省沈阳市皇姑区黑龙江街 30 号 5 门
电话：024 – 26218766 – 816
传真：024 – 26218788
网址：www. sysam-tech. com

主营业务：泡沫剂、油脂

沈阳市百德旺建筑材料有限公司

地址：沈阳市苏家屯区林盛街道办事处路盛街 5 号
电话：024 – 1388988
网址：www. baidewangbt. com

主营业务：盾尾油脂、泡沫

四川化建机电有限公司

地址：四川省成都市武侯区龙腾东路 2 号 518 室
电话：028 – 85558198

主营业务：泡沫剂、盾尾油脂

东莞市明洁隧道建设材料有限公司

地址：东莞市常平镇袁山贝村富民路 85 号 B 厂房
电话：0769 – 82827691
传真：0769 – 82827660
网址：www. dgmjsd. com

主营业务：盾尾密封油脂、泡沫剂

东莞市顺富通隧道建设材料有限公司

地址：东莞市企石镇莫屋工业区
电话：0769－82632396
传真：0769－86730969
网址：www. dgsft. com

主营业务：密封油脂和泡沫剂

南通盘天新材料有限公司

地址：江苏启东市滨海工业园黄海路45号
电话：0513－83921099
传真：0513－83921098
网址：shop1456419495635. 1688. com

主营业务：盾尾油脂、泡沫剂

湖北博腾新材料有限公司

地址：湖北省公安县孱陵大道26号
电话：027－87866680
传真：027－87866672
网址：www. botton. net. cn

主营业务：盾尾密封油脂、泡沫剂

中铁十六局集团物资贸易有限公司工业分公司

地址：北京市朝阳区东坝红花松园北里2号院22号楼
电话：010－51883062

主营业务：盾尾油脂、泡沫剂

任丘市华北油田金凯隆石油助剂有限公司

地址：河北省任丘市大征工业区
电话：0317－2721028
传真：0317－2721028
网址：www. hyjkl. net

主营业务：盾尾油脂、泡沫剂

日本松村石油株式会社香港公司

地址：1510 Tower 2 Metroplaza 223, Hing Fong Road, Kwai Chung, N. T. , Hong Kong
电话：＋852－24268388 / ＋852－24197272
网址：www. moresco. co. jp

主营业务：盾尾油脂、泡沫剂

雄县天立宏工程助剂有限公司

地址：河北省雄县西侯留村
电话：0312－5863366

主营业务：盾尾油脂、泡沫剂

北京铁五院工程机械有限公司

地址：北京市大兴区工业开发区科苑路18号
电话：010－89230536
网址：www. t5yjx. net

主营业务：盾尾油脂、泡沫剂

广州天恩化工科技有限公司

地址：广东省广州市番禺区迎宾大道敏捷上城国际商务中心

电话：020－87379934

传真：020－37579460

网址：www.tiann.com.cn

主营业务：盾尾油脂、泡沫剂

北京国富通泰科技发展有限公司

地址：北京北京市大兴区广茂大街泰中花园5－1205

电话：010－60216944

网址：bjgfttkjfz.china.herostart.com

主营业务：盾尾油脂、泡沫剂

9. 油品类（润滑油、液压油、齿轮油等）

埃克森美孚（中国）投资有限公司

地址：上海市天钥桥路30号美罗大厦17层

电话：021－34116000

传真：021－24076070

网址：www.mobiloil.com.cn

主营业务：润滑油

壳牌（中国）有限公司

地址：北京市朝阳区建国门外大街1号国贸大厦B座30层

电话：010－65296616

传真：010－65296666

网址：www.shell.com.cn

主营业务：润滑油

道达尔润滑油（中国）有限公司

地址：上海市西藏中路268号来福士广场3803～3806室

电话：021－23202000

传真：021－23202001

网址：www.total-lub.com.cn

主营业务：润滑油

碧辟（中国）投资有限公司

地址：北京市朝阳区东三环中路1号环球金融中心西塔20层

电话：010－65893888

传真：010－85879711

网址：www.bp.com

主营业务：润滑油

中国石化润滑油有限公司/长城润滑油

地址：北京市海淀区安宁庄西路6号

电话：400－810－9886

传真：010－62917732

网址：www.sinolube.com

主营业务：润滑油

中国石油润滑油公司/昆仑润滑油

地址：北京市朝阳区太阳宫金星园8号楼（中油昆仑大厦）A座17层

电话：010－89258898

传真：010－63592230

网址：kunlunlube.cnpc.com.cn

主营业务：润滑油

虎牌石油(中国)有限公司

地址:宁波市鄞州经济开发区鄞东北路 177 号
电话:0512-65855311
传真:0512-65855322
网址:www.atwshell.com

主营业务:润滑油

上海纳克润滑技术有限公司

地址:上海市浦东新区中科路 699 号惠生大厦 C 栋 11 层
电话:021-58585556
传真:021-58585337
网址:www.nacolube.com

主营业务:润滑油、润滑脂

苏州安特威润滑油有限公司

地址:苏州工业园区苏虹东路 177 号方正科技园
电话:0512-65855311
传真:0512-65855322
网址:www.atwshell.com

主营业务:润滑油

新西兰埃尔科石油化工有限公司

地址:广州东风东路 836 号东骏广场二座 10 层
电话:020-38807178
传真:020-38805628
网址:www.nz-elco.com

主营业务:润滑油

任丘市信达化工科技有限公司

地址:河北任丘市雁翎工业区
电话:0317-2616686
传真:0317-2616686
网址:www.xinda-chemical.com

主营业务:润滑油

10. 土体改良材料(分散剂、聚合物等)

中华优固企业集团

地址:杭州市萧山区太古广场 1 幢 906 室
电话:0373-8791368
传真:0373-8791898
网址:www.u-good.com

主营业务:克泥效

福建中天交通工程技术服务有限公司

地址:福建省福州市马尾区湖里路 27 号 1#楼 2-12U室(自贸试验区内)
电话:0731-89783591
传真:0731-89713543
网址:www.fjztjt.com

主营业务:克泥效

佛山市泰迪斯材料有限公司

地址：广州市荔湾区浣花路临时 53－57 号
电话：020－81691277
传真：020－81691694

主营业务：衡盾泥

沈阳鑫山盟建材有限公司

地址：沈阳市沈河区奉天街 419 号格林豪森 A 座 15 楼
电话：024－82914557
传真：024－82914557－816
网址：www. sysam-tech. com

主营业务：土体改良材料

四川化建机电有限公司

地址：四川省成都市武侯区龙腾东路 2 号 518 室
电话：028－85558198

主营业务：土体改良材料

东莞市明洁隧道建设材料有限公司

地址：东莞市常平镇袁山贝村富民路 85 号 B 厂房
电话：0769－82827691
传真：0769－82827660
网址：www. dgmjsd. com

主营业务：土体改良材料

雄县天立宏工程助剂有限公司

地址：河北省雄县西侯留村
电话：0312－5863366

主营业务：土体改良材料

东莞市顺富通隧道建设材料有限公司

地址：东莞市企石镇莫屋工业区
电话：0769－82632396
传真：0769－86730969
网址：www. dgsft. com

主营业务：土体改良材料

11. 管片螺栓、管片预埋件、防水材料

(1)管片螺栓

中铁十六局集团物资贸易有限公司工业分公司

地址：北京市朝阳区东坝红花松园北里 2 号院 22 号楼
电话：010－51883062

主营业务：管片螺栓

北京远航橡胶制品有限责任公司

地址：北京市怀柔区杨宋镇凤翔东大街 11 号
电话：010－61678438
网址：7203315. 1024sj. com

主营业务：管片螺栓

奉化市兴维机械制造有限公司

地址：浙江省奉化市萧王庙街道大埠工业区
电话：0574－88833887
网址：fenghua07673.11467.com

主营业务：螺栓、紧固件

河北邯郸诚信紧固件制造有限公司

地址：河北省邯郸市永年县名鸡路魏庄工业区
电话：0310－5139125
传真：0310－6708127
网址：admpn899.shop.ttzcw.com

主营业务：螺栓

河北省永年瑞杰紧固件制造有限公司

地址：永年县河北铺工业区
电话：0310－6892625，8303025
传真：0310－6892625
网址：www.st-bzj.com

主营业务：地铁专用连接螺栓、管片连接螺栓、高铁螺栓

太仓中博铁路紧固件有限公司

地址：江苏太仓市沙溪工业园陶湾中心路88号
电话：0512－53208506
传真：0512－53371080
网址：xuehfei.1688.com

主营业务：铁路紧固件、铁路专用设备

（2）管片预埋件

哈芬集团

地址：北京市朝阳区朝阳门外大街甲6号万通中心D座601室
电话：010－59073200
传真：010－59073218
网址：www.halfen.com/cn

主营业务：预埋槽道

江苏远兴集团建设有限公司

地址：江苏省宜兴市新街街道百合工业集中区明珠路
电话：0510－87131111
传真：0510－87138713
网址：www.jsyxep.com

主营业务：预埋槽道

山东天盾矿用设备有限公司

地址：山东省聊城市阳谷县侨润办事处祥光经济开发区
电话：0635－2157968
传真：0635－2157189
网址：www.chinatiandun.com

主营业务：预埋槽道

中石化石油机械股份有限公司

地址：武汉市东湖新技术开发区庙山小区华工园一路5号
电话：0728－6518085
传真：027－87924886

主营业务：预埋槽道

江苏华彤新能源科技有限公司

地址：江苏省泰州市姜堰区顾高镇工业集中区88号
电话：0523－88573002
传真：0523－88573004
网址：www.jshtxny.com

主营业务：预埋槽道

山东安泰克工程材料有限公司

地址：山东省青岛市即墨市北安街道办事处西戈庄村
电话：0532－85850332
传真：0532－85883671
网址：www.anteky.com

主营业务：预埋槽道

（3）防水材料

西北橡胶塑料研究设计院有限公司

地址：陕西省咸阳市秦都区西华路2号
电话：029－33621344
传真：029－33621360
网址：www.xbxj.chemchina.com

主营业务：管片止水条等防水材料

江阴海达橡胶股份有限公司

地址：江苏省江阴市周庄镇云顾路585号
电话：0510－68978652
传真：0510－86221405
网址：www.haida.cn

主营业务：管片止水条等防水材料

上海彭浦橡胶制品有限公司

地址：上海市江场西路1577弄E座三楼
电话：021－56689222
传真：021－66518115
网址：www.shpengpurubber.com.cn

主营业务：管片止水条等防水材料

上海长宁橡胶制品厂有限公司

地址：上海市中山西路1279弄2号
电话：021－32092098
传真：021－32092215
网址：www.changning-rubber.com.cn

主营业务：管片止水条等防水材料

宜兴市金霸土工合成材料有限公司

地址：江苏宜兴经济开发区诸桥路16号
电话：0510－87961093
传真：0510－87980976
网址：www.jsjinba.com

主营业务：管片止水条等防水材料

上海紫江橡胶制品有限公司

地址：上海市闵行区沪闵路5688号
电话：021－ 64887900
传真：021－64880104
网址：6013719.czvv.com

主营业务：管片止水条等防水材料

12. 盾构特种材料(金属和耐磨钢板等)

厦门金鹭特种合金有限公司

地址:厦门市同安工业集中园集成路1601－1629号
电话:0592－2650635
传真:0592－2650635
网址:www.gesac.com.cn

主营业务:硬质合金、刀具材料

春保森拉天时钨钢(上海)有限公司

地址:上海市松江区洞径镇洞径工业区洞库路51号
电话:021－67679401
传真:021－37679003
网址:www.cbcarbide.com

主营业务:硬质合金、刀具材料

瑞钢钢板(中国)有限公司

地址:江苏省昆山市玉山镇元丰路123号
电话:0512－50128100
传真:0512－50128100
网址:www.ssab.com

主营业务:硬质合金、刀具材料

株洲硬质合金集团有限公司

地址:湖南省株洲市钻石路288号
电话:0731－28260305
传真:0731－28162777
网址:www.601.cn

主营业务:硬质合金材料

西宁特殊钢股份有限公司

地址:青海省西宁市城北区柴达木西路52号
电话:0971－5296206
传真:0971－5293437
网址:www.xntg.com

主营业务:特种钢、精品特钢

株洲精特硬质合金有限公司

地址:湖南株洲市天元区长江南路3号
电话:0731－28107372
传真:0731－28335230
网址:www.gtcarbide.com

主营业务:硬质合金刀具、硬质合金材料

济南新宇硬质合金有限公司

地址:章丘市高官寨镇中孟村
电话:0531－83585858
网址:www.jnyzhj.com

主营业务:盾构刀具类合金

浙江恒成硬质合金有限公司

地址:浙江省东阳市城南西路312号
电话:0579－86180333
传真:0579－86814559
网址:www.hccarbide.com

主营业务:盾构刀具、棒材、线材等

六、盾构机服务企业

1. 盾构吊装及运输

北京华晨益吊装运输有限公司

地址：北京市大兴区魏善庄镇查家马坊

电话：010－89230386,89230385

传真：010－89230385

网址：www. bjhcydz. com

主营业务：盾构吊装及运输

河南三超货物运输有限公司

地址：河南郑州市惠济区花园口镇申庄村

电话：0371－65633093

传真：0371－65633093

主营业务：盾构吊装及运输

广东力福丁工业设备安装有限公司

地址：广州市荔湾区浣花路109号8145室

电话：020－81499827

网址：www. gdlfd. cn

主营业务：盾构吊装及运输

大连佳辉物流有限公司

地址：大连市中山区人民路85号国运大厦2901－03室

电话：0411－82775801

传真：0411－82775803

网址：www. oceanfavor. com

主营业务：盾构运输与工程物流

广东力特工程机械有限公司

地址：广东省广州市黄埔红荔路动力大厦B座5楼

电话：020－82094270

传真：020－82217562

网址：www. gdlift. com

主营业务：盾构吊装及运输

合肥市丰力起重吊装有限公司

地址：安徽省合肥市裕溪路321号

电话：0551－64539098

传真：0551－64539098

网址：www. ahfengliqz. com

主营业务：盾构吊装及运输

四川青龙特种工程有限公司

地址：成都市新都区凌波西路209号

电话：028－83933508

传真：028－83933508

网址：www. sc-lf. com

主营业务：盾构吊装

成都巨象设备吊装工程有限公司

地址：四川省成都市龙泉驿区经开区车城东6路379号

电话：028－84133055

传真：028－84133055

网址：www. cdjxdz. com

主营业务：盾构吊装

广州每日物流管理技术有限公司

地址：广州市经济技术开发区青年路西区沙弯二街13－15号留学人员广州创业员3号楼6楼

电话：020－82229522

传真：020－82226562

网址：www.365today.com.cn

主营业务：盾构运输与工程物流

上海鲁重工程机械有限公司

地址：上海市金山区漕泾镇浦卫公路10864号

电话：021－67220555

网址：www.zglz999.com

主营业务：盾构吊装

上海山福起重运输有限公司

地址：上海市崇明县堡镇镇新港路

电话：021－66831825

传真：021－66831825

网址：www.sf66.net.cn

主营业务：盾构运输与工程物流

华贸供应链武汉有限公司

地址：武汉市武汉吴家山台商投资区高桥产业园台中大道特1号

电话：027－85559932

网址：hmgylwhyxgs.21hubei.com

主营业务：盾构运输与工程物流

上海励志工程建设有限公司

地址：上海市金山区龙胜路540号圣普商办楼502室

电话：021－57968504

传真：021－57968504

网址：www.leeds-sh.com

主营业务：盾构吊装

北京同合吊装有限公司

地址：北京市朝阳区东坝乡单店村368号北门

电话：010－51200997

传真：010－51200997

主营业务：盾构吊装及运输

陕西德辉实业发展有限公司

地址：西安市石化大道北徐什字南段邓六路558号

电话：029－84361669

传真：029－84361669

网址：www.sxdehui.com

主营业务：盾构吊装及运输

深圳市粤润通吊装运输有限公司

地址：深圳市宝安区石岩街道料坑新村9号302室

电话：0755－27458341

传真：0755－27458341

主营业务：盾构吊装及运输

2. 盾构劳务及技术服务

中隧隧盾国际建设工程有限公司

地址：北京市昌平区北七家定泗路 88 号
电话：010－80782784
传真：010－80782984
网址：www.ctsic.com

主营业务：盾构劳务及技术服务

中铁工程服务有限公司

地址：成都市金牛区金凤凰大道 666 号中铁轨道交通高科技产业园 A11 栋二单元
电话：028－83571008
传真：028－83571008
网址：www.cresc.cn

主营业务：施工技术服务（包括专业分包、劳务分包等）

福建中天交通工程技术服务有限公司

地址：福建省福州市马尾区湖里路 27 号 1#楼 2－12U室（自贸试验区内）
电话：0731－89783591
传真：0731－89713543
网址：www.fjztjt.com

主营业务：盾构劳务及技术服务

北京盾通达科技服务有限公司

地址：北京市门头沟区石龙经济开发区永安路 20 号 3 号楼 B1－5217 室
电话：13601391668

主营业务：盾构劳务及技术服务

北京京菏磐石建设工程有限公司

地址：北京市丰台区大红门锦苑 6 号院
电话：010－53683645

主营业务：盾构劳务及技术服务

成都万丰友和劳务有限公司

地址：成都高新区新光路 32 号 1 层
电话：13311557825

主营业务：盾构劳务及技术服务

广州吉原交通工程技术有限公司

地址：广州市番禺区东环街迎宾路 730 号番禺节能科技园内天安科技创业中心 610
电话：020－39211656
传真：020－39211659
网址：www.jointech.net.cn

主营业务：盾构劳务及技术服务

淮安市中球盾构技术服务有限公司

地址：淮阴区国际农贸城 C5 幢 303 室
电话：0517－84518259
传真：0517－84518259
网址：www.zqtbmtc.com

主营业务：专业钢套筒（盾构始发接收装置）

北京京合顺通隧道工程有限公司

地址：北京市大兴区西红门镇嘉悦广场3号楼1315室

电话：010－80220862

传真：010－80220931

主营业务：盾构劳务及技术服务

泰通建设集团有限公司

地址：辽宁省大连市沙河口区鞍山路丽都园23号

电话：0411－86778151

传真：0411－86778152

网址：www. tastod. com

主营业务：施工总承包、专业分包

北京中煤矿山工程有限公司

地址：北京市朝阳区和平里青年沟路5号

电话：010－84263080

网址：beijing058501. 11467. com

主营业务：工程咨询

北京赛瑞斯国际工程咨询有限公司

地址：北京市西城区白广路4号401室

电话：010－52256055

网址：www. bjceris. com. cn

主营业务：工程咨询

3. 盾构机及相关设备租赁

中铁建特种装备工程有限公司

地址：长沙经济技术开发区东七路88号

电话：0731－84071864

主营业务：盾构设备租赁

沈阳盾构设备工程有限公司

地址：辽宁省沈阳市沈河区惠工街泽工南巷20号

电话：024－22722323

传真：024－22722323－820

主营业务：盾构设备（含配套设备）租赁

中铁工程服务有限公司

地址：成都市金牛区金凤凰大道666号中铁轨道交通高科技产业园A11栋二单元

电话：028－83571008

传真：028－83571008

网址：www. cresc. cn

主营业务：装备管理技术服务

辽宁三三工业有限公司

地址：辽宁辽阳向阳工业园区鞍阳街33号

电话：0419－7182999

传真：0419－7183999

网址：www. cnss333. com

主营业务：盾构机租赁

杭州中诚装备服务股份有限公司

地址：杭州市西湖区转塘街道创意路2号凤凰创意大厦3A9楼

电话：0571－86619621

传真：0571－86619801

主营业务：盾构设备租赁

天业通联（天津）有限公司

地址：天津自贸试验区（空港经济区）环河北路与中心大道交口空港商务园西区13－1、2－701、2－702

电话：022－58098161

网址：www.tongliantj.com

主营业务：盾构设备租赁

北京京合顺通隧道工程有限公司

地址：北京市大兴区西红门镇嘉悦广场3号楼1315室

电话：010－80220862

传真：010－80220931

主营业务：盾构设备租赁

四川锦绣山河交通工程有限公司

地址：四川成都市金牛区凤凰大道666号中铁轨道交通高科技产业园B区12栋

电话：028－87050532

网址：www.jinxiujiaotong.com

主营业务：盾构设备租赁

4. 盾构机配件经销商

北京晋太机械设备有限公司

地址：北京市门头沟区石龙经济开发区

电话：010－60869207

网址：cbeijingjintaijixie.cdgtw.net

主营业务：盾构机配件经销

成都合瑞达机电设备有限公司

地址：成都市金牛区金牛坝路4号数码港五金机电城10栋2号

电话：028－64600099

网址：shop1486709752109.1688.com/page/creditdetail.htm

主营业务：润滑油、油脂泵等产品经销

河北轩博液压机电设备有限公司

地址：石家庄市正定县中山西路151号

电话：18612816961

主营业务：液压油缸、液压泵站等销售

河南省凯英蓝天能源科技有限公司

地址：郑州市金水东路49号绿地原盛国际3号楼A座11层136

电话：0371－65909922

传真：0371－65907378

网址：www.kylt666.com

主营业务：压缩空气系统、流体系统等

广州市昊瀚机电工程有限公司

地址：广州市黄埔区黄埔东路3889号玩具城10街128号

电话：020－82050075

网址：www.gzhaohan.cn

主营业务：盾构机配件销售

广州浩卫机械设备有限公司

地址：广东广州市天河区新塘大街28号祺禾商贸园C栋1016

电话：020－29003557

传真：020－29003556

网址：shop1431575305296.1688.com

主营业务：盾构机配件经销

附录 1　中国盾构工程建设管理单位

单位名称	地址	网址
北京轨道交通建设管理有限公司	北京市丰台区角门北京轨道交通建设管理有限公司	www. bjgdjs. com
北京城市快轨建设管理有限公司	北京市东城区东直门外大街 39 号院 2 号楼 7 层	
上海申通地铁集团	上海市衡山路 12 号	www. shmetro. com
广州地铁集团有限公司	广州市海珠区新港东路 1238 号万胜广场 A 塔	www. gzmtr. com
重庆市轨道交通集团	重庆市渝北区金开大道西段重庆轨道交通大竹林基地	www. cqmetro. cn
深圳市地铁集团有限公司	深圳市福田区福中一路 1016 号地铁大厦	www. szmc. net
天津轨道交通集团有限公司	天津市西青区才智道 36 号华苑车辆段	www. tjgjjt. com
南京地铁集团有限公司	江苏省南京市玄武区中山路 228 号	www. njmetro. com. cn
成都轨道交通集团有限公司	成都市高新区天府大道中段 396 号	www. chengdurail. com
武汉地铁集团有限公司	武汉市洪山区欢乐大道 77 号	www. whrt. gov. cn
苏州市轨道交通集团有限公司	苏州市干将西路 668 号	www. sz-mtr. com
合肥城市轨道交通有限公司	安徽省合肥市阜阳路 17 号	www. hfgdjt. com
沈阳地铁集团有限公司	沈阳市沈河区东滨河路 28-3 号	www. symtc. com
南昌轨道交通集团有限公司	江西省南昌市红谷滩新区丰和中大道 地铁大厦	www. ncmtr. com
郑州市轨道交通有限公司	郑州市郑东新区中兴南路与康宁街交叉口郑州轨道交通调度中心	www. zzmetro. cn
长沙市轨道交通集团有限公司	长沙市雨花区杜花路 166 号	www. hncsmtr. com
佛山市轨道交通发展有限公司	佛山市汾江南路 206 财富大厦 8-9F	www. fmetro. net
杭州市地铁集团有限责任公司	杭州市下城区庆春路 90 号 14 层	www. hzmetro. com
福州市城市地铁有限责任公司	福州市轨道交通指挥中心（福州市达道路 156 号）	www. fzmtr. com

续上表

单位名称	地　址	网　址
昆明轨道交通集团有限公司	云南省昆明市官渡区永安路41号	www. kmgdgs. com
济南轨道交通集团有限公司	山东省济南市高新区舜华路2000号舜泰广场2号楼19层	www. jngdjt. cn
南宁轨道交通集团有限责任公司	广西南宁市云景路69号南宁市轨道交通运营控制中心综合调度指挥大楼	www. nngdjt. com
贵阳市城市轨道交通有限公司	贵阳市观山湖区龙滩坝路贵阳地铁·迈德国际A1栋	www. gyurt. com
无锡地铁集团有限公司	无锡市南长区清扬路228号	www. wxmetro. net
大连地铁有限公司	大连市沙河口区五四路150－6号	www. dlsubway. com. cn
青岛地铁集团有限公司	山东省青岛市市北区常宁路6号地铁大厦	www. qd-metro. com
东莞市轨道交通有限公司	东莞市新城市中心区稻花路1号	www. dggdjt. com
石家庄市轨道交通有限责任公司	石家庄长安区中山东路216号8号楼	www. sjzmetro. cn
兰州市轨道交通有限公司	甘肃省兰州市城关区和政路131号	www. lzgdjt. com
广东广佛轨道交通有限公司	佛山市南海区广佛地铁夏南综合基地	www. guangfometro. cn
太原市轨道交通发展有限公司	山西省太原市府西街246号怡丰大厦13层	ww. tymetro. com
温州市铁路与轨道交通投资集团有限公司	浙江省温州市鹿城区锦江路458号汇景·深蓝国际大厦8－11楼	www. wzmtr. com
常州市轨道交通发展有限公司	常州市新北区太湖东路9号	www. czmetro. net. cn
厦门轨道交通集团有限公司	厦门市思明区厦禾路1236号	www. xmgdjt. net
乌鲁木齐城市轨道集团有限公司	乌鲁木齐市经济技术开发区(头屯河区)嵩山街北二巷257号	www. urumqimtr. com
徐州市城市轨道交通有限责任公司	徐州市新城区汉风与镜泊西路交叉口吉田商务广场E栋	www. xzgdjt. com
长春市轨道交通集团	长春市南关区华庆路999号	www. ccqg. com
西安市地下铁道有限责任公司	西安市经济技术开发区风城八路126号	www. xametro. gov. cn
宁波市轨道交通集团有限公司	浙江省宁波市宁穿路3399号	www. nbmetro. com
哈尔滨地铁集团有限公司	哈尔滨市南岗区西大直街357号	www. harbin-metro. com
呼和浩特市城市轨道交通建设管理有限责任公司	呼和浩特市如意开发区如意和大街西蒙奈伦广场7号楼B座	

附录2 中国盾构工程施工单位

公司名称	地 址	网 址
中国中铁一局集团有限公司	陕西省西安市雁塔北路1号	www. crfeb. com. cn
中国中铁二局集团有限公司	四川省成都市马家花园路10号	2j. crec. cn
中国中铁三局集团有限公司	山西省太原市迎泽大街269号	www. ztsj. com
中国中铁四局集团有限公司	安徽省合肥市望江东路96号	www. crec4. com
中国中铁五局集团有限公司	贵州省贵阳市枣山路23号	www. ztwj. cn
中国中铁六局集团有限公司	北京市海淀区万寿路2号	www. crsg. com. cn
中国中铁七局集团有限公司	河南省郑州市航海东路1225号	www. crsg. cn
中国中铁八局集团有限公司	四川省成都市金牛区金科东路68号	www. cr8gc. com
中国中铁九局集团有限公司	辽宁省沈阳市和平区胜利南街46号	9j. crec. cn
中国中铁十局集团有限公司	山东省济南市高新区舜泰广场7号楼	www. cr10g. com
中国中铁隧道集团有限公司	河南省洛阳市状元红路3号	www. ctg. ha. cn
中国中铁电气化局集团有限公司	北京市万寿路南口金家村一号	www. eeb. cn
中国中铁港航局有限公司	广州市南沙区进港大道62号604房	www. crpcec. com
中国中铁上海工程局有限公司	上海市静安区江场三路272、278号	www. crecsh. com
中铁北京工程局集团有限公司	北京门头沟区玉带东二街161号	www. cacce. com. cn
中国铁建十一局集团有限公司	湖北省武汉市武昌区中山路277号	www. cr11g. com. cn
中国铁建十二局集团有限公司	山西省太原市西矿街130号	www. cr12g. com. cn
中国铁建大桥工程局集团有限公司	天津市空港经济区中环西路32号	www. cr13g. com
中国铁建十四局集团有限公司	山东省济南市历下区奥体西路2666号	www. crssg. com
中国铁建十五局集团有限公司	上海市闸北区共和新路666号	www. cr15g. com
中国铁建十六局集团有限公司	北京市朝阳区红松园北里2号	www. cr16g. com. cn
中国铁建十七局集团有限公司	山西省太原市平阳路84号	www. zt17. com
中国铁建十八局集团有限公司	天津市河西区柳林东	www. cr18g. com
中国铁建十九局集团有限公司	北京市经济技术开发区荣华南路19号	www. cr19. com
中国铁建二十局集团有限公司	陕西省西安市太华北路89号	www. cr20g. com
中国铁建二十一局集团有限公司	甘肃省兰州市安宁区北滨河西路921号	www. cr21g. com. cn
中国铁建二十二局集团有限公司	北京市石景山区石景山路35号	www. crcc22. com

续上表

公司名称	地　址	网　址
中国铁建二十三局集团有限公司	四川省成都市二环路西二段10号附1号	www.cr23g.com
中国铁建二十四局集团有限公司	上海市会文路2号	www.cr24b.com
中国铁建二十五局集团有限公司	广州市中山一路55号	www.zt25j.com
中铁建设集团有限公司	北京市石景山区石景山路20号	www.ztjs.net.cn
中国建筑一局(集团)有限公司	北京市丰台区西四环南路52号	www.cscec1b.net
中国建筑第三工程局有限公司	湖北省武汉市武昌武珞路456号	www.cscec3b.com.cn
中国建筑第四工程局有限公司	广州市天河区科韵路16号 广州信息港B座4楼	4bur.cscec.com
中国建筑第五工程局有限公司	湖南省长沙市中意一路158号	www.cscec5b.com.cn
中国建筑第六工程局有限公司	天津市塘沽区杭州道72号	6bur.cscec.com
中国建筑第八工程局有限公司	上海市浦东新区世纪大道1568号	8bur.cscec.com
中建交通建设集团有限公司	北京市海淀区西四环北路160号	comm.cscec.com
中交第一公路工程局有限公司	北京市朝阳区管庄周家井世通 国际大厦15至19层	www.fheb.cn
中交第二公路工程局有限公司	陕西省西安市科技六路33号	www.sehcrbc.com
中交第三公路工程局有限公司	北京市东城区安定门外大街内88号801	www.zjsgj.com.cn
中交第一航务工程局有限公司	天津市保税区跃进路航运服务中心8号楼	www.cccyhj.com
中交第二航务工程局有限公司	湖北省武汉市东西湖区金银湖路11号	www.sneb.com.cn
中交第三航务工程局有限公司	上海市平江路139号	www.ccshj.com
中交第四航务工程局有限公司	广州市海珠区沥滘路368号 广州之窗总部大厦	www.cccc4.com
中交隧道工程局有限公司	北京市朝阳区利泽东二路2号院2号楼	www.ccteb.com
中国水利水电 第三工程局有限公司	陕西省西安市浐灞区世博大道4069号	www.cteb.com
中国水利水电 第四工程局有限公司	青海省西宁市昆仑东路77号	www.csdsj.com
中国水利水电 第七工程局有限公司	四川省成都市解放路二段329号	7j.powerchina.cn
中国水利水电 第八工程局有限公司	湖南省长沙市天心区常青路8号	www.baju.com.cn
中国水利水电 第十工程局有限公司	四川省成都市十二桥路7号	10j.powerchina.cn
中国水利水电 第十一工程局有限公司	河南省郑州市高新技术开发区莲花街59号	www.cwb11.com

续上表

公司名称	地　址	网　址
中国水利水电第十三工程局有限公司	天津市华苑产业区榕苑路2号	www.stecol.cn
中国水利水电第十四工程局有限公司	云南省昆明市环城东路192号	www.fcbmis.com
中煤第三建设集团有限责任公司	安徽省合肥市政务区	www.ccmcgc.com
中煤第五建设集团有限责任公司	江苏省徐州市淮海西路241号	www.cc5c.com
中煤特殊凿井(集团)有限责任公司	安徽省合肥市徽州大道110号	www.zmts.com
中冶建工集团有限公司	重庆市大渡口区西城大道1号	www.cmccltd.com
中冶天工集团有限公司	天津空港经济区西二道88号	www.ctmcc.cn
中国葛洲坝集团有限公司	湖北省武汉市解放大道558号	www.cggc.ceec.net.cn
北京建工集团有限责任公司	北京市西城区广莲路1号建工大厦	www.bcegc.com
北京城建集团有限责任公司	北京市海淀区北太平庄路18号	www.bucg.com
北京市政建设集团有限责任公司	北京市西城区复兴门外南礼士路17号	www.bmec.net
北京城乡建设集团有限责任公司	北京市丰台区草桥东路8号院7号楼	
北京住总集团有限责任公司	北京市朝阳区慧忠里220号	www.bucc.cn
北京市政路桥集团(股份)有限公司	北京市西城区复兴门外南礼士路17号	www.bmrb.com.cn
北京城建道桥建设集团有限公司	北京市朝阳区西大望路12号	www.bucgdq.cn
北京电力工程公司	北京市朝阳区小红门乡牌坊村路甲6号	www.bjgddl.com
上海建工集团	上海市东大名路666号	www.scg.com.cn
上海市基础工程集团有限公司	上海市江西中路406号	www.sfeg.cc
上海隧道工程股份有限公司	上海市宛平南路1099号	www.stec.net
上海市机械施工有限公司	上海市闸北区洛川中路701号	www.chinasmcc.com
上海地铁盾构设备工程有限公司	上海市淮海中路1298号4楼	www.metroshield.com

续上表

公司名称	地　址	网　址
上海磁浮交通发展有限公司	上海市浦东龙阳路 2100 号	www. smtdc. com
上海城建(集团)公司	上海市徐汇区宛平南路 1099 号	www. sucgcn. com
上海城建市政工程(集团)有限公司	上海市交通路 1565 号	www. sucgm. com
广东水电二局股份有限公司	广州市增城区新塘镇广深大道西 1 号 1 栋水电广场 A－1 商务中心	www. gdsdej. com
广州市政隧道公司	广州市环市东路 338 号	www. gzsz. com. cn
广东省基础工程集团有限公司	广州市天河路 99 号天涯楼 19－20 层	www. gdjc. net
广东华隧建设股份有限公司	广州市海珠区琶洲宸悦路 28 号保利叁悦广场 C 塔 15 楼	www. ctc-cngd. com
广州市盾建地下工程有限公司	广州市越秀区越华路珠江国际大厦 1201	www. dunjian. com
天津城建集团有限公司工程总承包公司	天津市河西区资水道 26 号	www. tj-cjzb. com
天津城建集团有限公司	天津市南开区鞍山西道 260 号	www. tjjgjt. cn
天津市建工集团(控股)有限公司	天津市华苑产业区开华道 1 号	www. tjjgjt. cn
天津市政集团有限公司	天津市和平区五大道街道民园体育场西南角	www. tjszjs. com
湖北省路桥集团有限公司	湖北省武汉经济技术开发区东风大道 38 号	www. hblq. com
武汉船用机械有限责任公司	湖北省武汉市青山区武东街九号	
武汉燃气热力工程有限公司	湖北省武汉市汉阳大道 512 号乾能大厦 6－8F	www. wrg. cn
武汉市市政建设集团有限公司	湖北省武汉市沌口经济开发区春晓路 6 号	www. whszjt. com
武汉市汉阳市政建设集团公司	湖北省武汉市汉阳区罗七北路 12 号金龙公馆写字楼 18－20 楼	www. whhysz. com
郑州一建集团公司	河南省郑州市紫荆山路 91 号	www. zzdyjz. com
重庆建工集团有限责任公司	重庆市北部新区金开大道 1596 号	www. ccegc. cn
沈阳市政集团有限公司	辽宁省沈阳市铁西区北一西路 52 号甲金谷财富公馆 34 号楼	222. 189. 214. 125:8905
西安市市政建设(集团)有限公司	陕西省西安市环城南路中段 20 号	www. xaszy. com

续上表

公司名称	地　址	网　址
陕西建工集团	陕西省西安市北大街199号	www. shxi-jz. com
西安市政道桥建设有限公司	陕西省西安市二环北路西段29号	www. xasz. com. cn
海南省路桥投资建设有限公司	海南省三亚市河东路474号	www. hainanluqiao. com
湖南路桥建设集团有限责任公司	湖南省长沙市韶山南路239号	www. hnrb. cn
中铁隆工程集团有限公司	四川省成都市武科西二路189号	www. ranken. com. cn
四川锦绣山河交通工程有限公司	四川省成都市金牛区金凤凰大道666号 中铁轨道交通高科技产业园B区12栋	www. jinxiujiaotong. com
腾达建设集团股份有限公司	浙江省台州市路桥区路桥大道东1号	www. tengdajs. com
浙江省大成建设集团有限公司	浙江省杭州市文三路20号省 建工大厦18楼	www. zjdcg. com
中天建设集团有限公司	浙江省杭州钱江新城城星路69号 中天国开大厦	zjzhongtian. com

附录3　中国盾构工程勘察设计单位

单位名称	地址	网址
北京城建设计发展集团	北京市西城区阜成门北大街五号	www.bjucd.com
北京城市规划设计研究院	北京南礼士路60号	www.bjghy.com.cn
北京市轨道交通建设管理有限公司	北京市丰台区角门	www.bjgdjs.com
北京市勘察设计研究院有限公司	北京复兴门外羊坊店路15号	www.bgi.com.cn
北京市政工程设计研究总院	北京市海淀区西直门北大街32号3号楼(市政总院大厦)	www.bmedi.cn
常州规划设计院	常州市通江南路257号	www.czpad.com
重庆市轨道交通设计研究院	金童路轻轨童家院子综合基地	www.crtdri.com
广州地铁设计研究院有限公司	广州市环市西路204号	www.dtsjy.com
湖北省交通规划设计院	湖北省武汉市汉阳区龙阳大道7号	www.hbcpdi.com.cn
吉林铁道勘察设计院有限公司	吉林市中兴街56号	www.tsdig.com
上海市城市建设设计研究院	上海市浦东新区东方路3447号城建设计大厦	www.sucdri.com
上海市隧道工程轨道交通设计研究院	上海市中山西路1999号	www.stedi.cn
上海市政工程设计研究总院	上海市杨浦区中山北二路901号	www.smedi.com
上海铁路城市轨道交通设计研究院	上海市天目中路291号	www.envir.gov.cn
深圳市市政工程设计院	深圳市笋岗西路3007号市政设计大厦	www.szmedi.com.cn
天津市市政工程设计研究总院	天津市滨海高新技术产业开发区海泰南道30号	www.tmedi.com.cn
中国建筑东北设计研究院有限公司	沈阳市和平区光荣街65号	www.cscecnei.com
中国铁路设计集团有限公司	天津河北区中山路10号	www.tsdig.com
中国中铁二院工程集团有限责任公司	四川省成都市金牛区通锦路3号	www.creegc.com

续上表

单位名称	地址	网址
中交城市轨道交通设计研究院有限公司	湖北省武汉市经济技术开发区创业路 18 号	www. zjcsgdy. com
中设设计集团铁道规划设计研究院	南京市秦淮区紫云大道 9 号	www. jsjty. com/catelog/detail/56
中铁二院工程集团有限责任公司	四川省成都市金牛区通锦路 3 号	www. creegc. com
中铁大桥勘测设计院集团有限公司	湖北省武汉经济技术开发区博学路 8 号(沌口院区)	www. brdi. com. cn
中铁第四勘察设计集团有限公司	湖北省武汉市武昌杨园和平大道 745 号	www. crfsdi. com. cn
中铁第五勘察设计院集团有限公司	北京市大兴区黄村镇康庄路 9 号	www. t5y. cn
中铁第一勘察设计院集团有限公司	西安西影路 2 号	www. fsdi. com. cn
中铁电气化勘测设计研究院有限公司	天津市河东区江都路 33 号	www. tjedi. com. cn
中铁工程设计咨询集团有限公司	北京市丰台区广安路 15 号	www. cec-cn. com. cn
中铁上海设计院集团有限公司	上海市天目中路 291 号	www. sty. sh. cn
中铁隧道勘测设计研究院	天津市红桥区新红桥益福里	www. crtdi. com. cn
中铁西南科学研究院有限公司	四川省成都市高新西区古楠街 97 号	www. swi. com. cn

附录4　中国盾构工程监理单位

单位名称	地　址	网　址
北京地铁监理公司	北京市东城区苏州胡同61号院	
北京方达工程管理有限公司	北京市海淀区高梁桥斜街44号科技楼6层	
北京方圆工程建设监理有限责任公司	北京海淀区复兴路34号	www. fy. net
北京国建工程监理公司	北京市海淀区增光路45号中国劳动关系学院综合楼7层东侧	www. guojian. bj. cn
北京华城建设监理有限责任公司	北京市海淀区学清路38号B座1207、1210、1211	www. bjhcjl. com
北京建工京精大房工程建设监理公司	北京市西城区展览馆路1号14、15幢	www. jjdf. com. cn
北京磐石建设监理有限责任公司	北京市海淀区增光路甲34号1号楼云建大厦1201室	qiye16934616. xinlimaoyi. com
北京赛瑞斯国际工程咨询有限公司	北京市丰台区海鹰路6号院5号楼	bjceris. com. cn
北京市高速公路监理有限公司	北京市丰台区方庄蒲方路十号二层	www. beigaojian. com
北京双圆工程咨询监理有限公司	北京市海淀区中关村大街27号中关村大厦10层	www. syjl. com
北京四方工程建设监理有限责任公司	北京市海淀区西四环中路15号三楼	
北京铁城建设监理有限责任公司	北京市海淀区复兴路40号中国铁建大厦9层西侧	www. tcjl. com. cn
北京铁研建设监理有限责任公司	北京市大兴区黄村镇金星路12号奥宇科技英巢0714	
北京现代通号工程咨询有限公司	北京市丰台科技园区汽车博物馆南路1号院B座二层B0201	thzx. crsc. cn
北京兴电国际工程管理有限公司	北京市海淀区首体南路9号中国电工大厦7层01	www. xdgj. com
北京逸群工程咨询有限公司	北京市大兴区经济技术开发区宏达中路甲12号	www. yqun. com. cn
北京致远工程建设监理有限责任公司	北京市西城区复兴门北大街甲3号	www. zyjl. com
北京中铁诚业工程建设监理有限公司	北京市丰台区丰台科技园区航丰路13号2号楼405	cy. zx. crec. cn
广东创成建设监理咨询有限公司	广州市水荫路2号恒鑫大厦西座10楼	www. ccmc. net. cn

续上表

单位名称	地址	网址
广东工程建设监理有限公司	广州市越秀区白云路 111－113 号白云大厦 16 楼	www. gdpm. com. cn
广东海外建设监理有限公司	广州市天河软件园建中路 66 号佳都商务大厦东楼 701 室	www. gdhwjl. com
广东建科建设监理有限公司	广州市先烈东路 121 号大院内	www. gdjkjl. com
广东建设工程监理有限公司	广州市荔湾区流花路 73 号流花君庭 3 楼	www. gdces. com
广东重工建设监理有限公司	广州市黄埔区科学城揽月路 101 号保利中科广场 A 座 7 层	www. gdzgjl. com
广州轨道交通建设监理有限公司	广州市环市西路 204 号 4 号楼 3 楼	www. gzdtil. com
广州市城市建设工程监理公司	广州市建设大马路 10 号珠江规划大厦 22 层	www. gz-cjjl. com
广州市东建工程建设监理有限公司	广州市越秀区东风中路 507 号东建大厦首层	
广州市房实建设工程监理有限公司	广州市六榕路 3 号 2 楼	www. gzfsjl. com
广州市穗芳建设咨询监理有限公司	广州荔湾区花地大道中 501 号祺珍荟商务楼	www. gzsfjz. com
广州穗峰建设工程监理有限公司	广州市越秀区先烈中路 83 号	yxzda. 800400. net
广州珠江工程建设监理有限公司	广州市越秀区永泰路 50 号之一首层	www. zjjl. cn
广州筑正工程建设管理有限公司	广州高新技术产业区映日路 9 号 3 楼整层	www. truzem. com
上海天佑工程咨询有限公司	上海市杨浦区赤峰路 65 号同济科技园 5 楼	www. tyzx. sh. cn
石家庄铁源工程咨询有限公司	河北省石家庄市北二环东路 17 号	www. stygczx. com
四川铁科建设监理有限公司	成都市高新西区古楠街 97 号	www. sctkjl. com
铁科院(北京)工程咨询有限公司	北京市海淀区大柳树路 2 号	home. rails. com. cn/zixun
中铁第四勘察设计院集团有限公司	湖北省武汉市武昌杨园和平大道 745 号	www. crfsdi. com. cn
中铁二院(成都)咨询监理有限责任公司	成都市金牛区天回镇中铁轨道高科技产业园 A6 幢 10 层	www. zteyjl. com
中铁华铁工程设计集团有限公司	北京市丰台区丰台北路 36 号华铁咨询大厦	ztht. crec. cn
中通服项目管理咨询有限公司	湖南省长沙市岳麓区岳麓大道 26 号金湘大厦	www. ccspmc. com
中咨工程建设监理公司	北京市海淀区车公庄西路 25 号中国咨询集团大楼	www. zzjl. com. cn

图书在版编目(CIP)数据

中国盾构工程产品企业名录 / 北京盾构工程协会编
. — 北京 : 人民交通出版社股份有限公司, 2018.5
ISBN 978-7-114-14672-5

Ⅰ. ①中… Ⅱ. ①北… Ⅲ. ①盾构—机械工业—中国
—名录 Ⅳ. ①F426.42-62

中国版本图书馆 CIP 数据核字(2018)第 076517 号

书　　名: **中国盾构工程产品企业名录**
著 作 者: 北京盾构工程协会
责任编辑: 刘彩云　李　梦
责任校对: 刘　芹
责任印制: 张　凯
出版发行: 人民交通出版社股份有限公司
地　　址: (100011)北京市朝阳区安定门外外馆斜街 3 号
网　　址: http://www.ccpress.com.cn
销售电话: (010)59757973
总 经 销: 人民交通出版社股份有限公司发行部
经　　销: 各地新华书店
印　　刷: 北京市密东印刷有限公司
开　　本: 880 × 1230　1/16
印　　张: 5.75
插　　页: 40
字　　数: 72 千
版　　次: 2018 年 5 月　第 1 版
印　　次: 2018 年 5 月　第 1 次印刷
书　　号: ISBN 978-7-114-14672-5
定　　价: 198.00 元
(有印刷、装订质量问题的图书,由本公司负责调换)